新・ベーシストのための全知識 新装版

山口タケシ 著

Everything A Bassist Needs To Know, And More!

はじめに

　まず最初に、数ある本の中から本書を選んでくれてありがとう。でもあなたは賢い選択をしましたよ(^^)　なぜなら、この本のタイトルのとおり、本書はエレクトリック・ベースを弾くにあたって最低限必要な知識を網羅しているからです。よく、教則本などを買おうと思っても、どれを選んでいいかわからないという声を聞くことがあります。しかし、そもそも本を買おうと思い立った時、自分は何が不得手なのか明確に把握している人はあまり多くないのではないでしょうか。これは当然のことなのですが、だからこそ、必要な知識がわかりやすく、バランスよく書かれた本が必要なのです。そんな人のために本書を書きました。はじめに言っておきますが、元来、音楽というものは"何でもあり"なのです。どんなにデタラメと思えるようなことをプレイしても、弾いている人と聴いている人がそれを"イイ"と感じればそこで成り立ってしまいます。だから、難しい理論を考えながら"こうしなければいけない"と思う必要はありません。萎縮することなく、自由に自分の音楽を表現して下さい。楽しむことが一番大切なのです。しかし、それでは何をどうしていいのかわからないという人もいるでしょう。そこで本書の登場です。あなたのベース・プレイに本書が少しでも役立つことができれば嬉しく思います。

山口タケシ

Contents

はじめに
序章

第1章　これだけは知っておきたい！　基礎知識＆テクニック …………7
　読譜編～ベーシストのための譜面活用術 ……………………………………8
　フォーム編～あなたの弾き方は変？ ………………………………………19
　必須テクニック編～キラリと光る小技たち …………………………………35
　いつでも役立つ基本的なウォーム・アップ・フレーズ ……………………47

第2章　ベース・パターンを知る ………………………………………51
　よく聴く！よく弾く！王道ベース・フレーズ ………………………………52
　ベース・ライン作りの基本を知る ……………………………………………64
　ベース・ラインに"表情"をつける ……………………………………………69

第3章　知って得する音楽理論～コードとスケール ……………73
　"理論"は本当に必要なのか？ ………………………………………………74
　頻出コード＆スケール ………………………………………………………75
　コードに対する聴覚を磨く～耳コピを助ける音楽理論 ……………………87

第4章　ベース・ラインを作る …………………………………………91
　ルートからの脱却 ……………………………………………………………92
　頻出コード進行でのライン作り ……………………………………………111
　"音"選び以外の部分を意識する ……………………………………………117
　自分らしいフレーズの構築 …………………………………………………122
　セッションの極意～アドリブ＆ソロ …………………………………………123

第5章　実践的リズム・トレーニング……129
- リズムの形を知る……130
- 基本となるリズム感を鍛える……135
- ビート感を養う練習フレーズ……138
- ウラ感覚を養う〜シンコペーション……142
- リズムを自在に操る……145

第6章　スピード・コントロール……151
- "速い""遅い"が苦手な理由……152
- 曲中でのテンポ・チェンジ……157
- [特別レッスン]スピード・コントロールに役立つメカニカル練習フレーズ集……160

第7章　サウンド・メイキング……163
- "いい音"とは？……164
- ベース選びのポイント……167
- ベース本体での音づくり……169
- アンプ&エフェクターのセッティング……174

第8章　レコーディングのオキテ&テクニック……183
- レコーディングを知る〜リハ、ライヴとの違いを心得よ……184
- ベーシストのための宅録(ホーム・レコーディング術)……196

良いベーシストとは何か？……205

あとがき

序章〜ベースを弾き始める前に〜

まずはベースを弾き始める前に知っておきたい各部位の名称を紹介しておこう。これらの知識を頭に入れた上で本書を読み進めていくことで、より理解度が増すはずだ。

①**ペグ**：チューニングをするパーツ。
②**ナット**：弦をネック側で支えるパーツ。
③**指板**：ネック表面の材。ネック材と同一のものも。フィンガー・ボードとも言う。
④**フレット**：指板に打たれている金属片。1フレットごとに半音ずつ音が変わる。フレット・レス・タイプもある。
⑤**ポジション・マーク**：指板表面やネック側面につけられた、フレットの位置を把握しやすくするための印。ネック側面につけられたものはサイド・ポジション・マークと呼ばれている。
⑥**ピック・ガード**：ボディの表面に取り付けられた板で、ピッキングによるキズを防ぐために用いられている。
⑦**ピックアップ**：弦の振動を電気信号に変える装置。
⑧**ボリューム**：音量を調節するつまみ。
⑨**トーン**：音色を調整するつまみ。
⑩**アウトプット・ジャック**：電気信号をアンプに送るためケーブル（シールド）を挿すところ。
⑪**ブリッジ**：弦をボディ表面に固定するパーツ。弦の高さを調整できる。

第 1 章

これだけは知っておきたい!
基礎知識&テクニック

ワンランク上のベーシストを目指すために、まず最初に確認しておきたい基本事項をまとめてみた。演奏性を高めるための譜面活用法、各奏法の落とし穴改善策、フレーズにスパイスを加えるための必須テクニックなど、基礎がために活用してみてほしい。

読譜編〜ベーシストのための譜面活用術

　この本は"今よりももっとうまく弾けるようになりたい！""自分では結構弾けているつもり。でもプロやうまい人のプレイを聴いた時に何かが違うとは感じるけど、どこがどう違うのかがわからない……""壁にぶち当たっているの。助けて〜！"などといったベーシストに向けて、できるだけやさしく、かつ実践的に"ランクアップするためのヒント"を伝えようというものだ。したがって、難しい理論・楽典を丸暗記したり"机の上の音楽"を目指すものではない。

　しかし！ 話を進める上で最低限知っておかなければいけないことというのはどの世界でも当然あるわけで、"読譜力(楽譜を読む力)"もその1つ。最初に結論を言っておこう。もしも諸君が今よりもワンランク上のベーシストを目指しているなら、ましてや将来プロになりたいと思っているのなら、"読譜力"は95％必要だ。理由は簡単。音楽を創り上げていく過程において"楽譜"は"共通の言語"だから。音楽の世界に限らず、日常生活において"読み書き"が他人との意思の疎通を図る上で必要不可欠な要素であることと同様、音楽の現場で「ここはこのように、そこはあのようにしましょう」というなくてはならない伝達手段が"楽譜"なのだ。もちろん、日本を含め世界中には譜面が読めなくても活躍しているミュージシャンは存在するが、それはごく一部(残りの5％)のこと。ものすごい天才的な才能があるとか、バンドの"ツーカー"な仲間だけに囲まれてやってきてこの先もそのバンドだけを続けていく人とか……、そんな人に限られる。しかし、諸君がいわゆるスタジオ・ミュージシャンやセッション・プレイヤーを目指すのであればなおさらで、その必要度は100％と言っても過言ではないだろう。特にスタジオ・ミュージシャンなどの場合は"初見"(譜面を初めて見ること)である程度正確に弾きこなすことも要求されるので、読譜力の重要度はさらに増すことになる(これは日本国内でも海外でも同じこと)。

　前置きが長くなったが、譜面には慣れておいた方が得なことこそあれ損をすることはないので、なによりも諸君自身のためにも敬遠せずに親しんでおこう！

■ヘ音譜表とタブ譜について

現在、ベーシストが目にする譜面として、主に譜例1-1のような五線譜（ヘ音譜表）と譜例1-2のようなタブ（TAB）譜があると思う。最初に断言しておくが、諸君がこの先ベースを弾いていく際、音楽業界の現場で（プロの現場ならなおのこと）、タブ譜を使うことなどまずあり得ない。タブ譜とは、あくまでも初心者に楽譜をわかりやすく説明するための補助的な手段だと心得よう。したがって、ワンランク上のベーシストを目指すなら、最初からできるだけタブ譜を使わずに五線譜（ヘ音譜表）に慣れてしまった方が得策だ。というわけで、この本ではこの先、タブ譜は基本的には出てこない。これまでタブ譜に頼ってきた人にとっては少々酷なようだが、これは諸君のことを思うがゆえの愛のムチだと思ってもらいたい。

■楽譜とポジショニングとの関係

「でもタブ譜がないと何弦の何フレットを押さえたらいいかわかんないじゃん」と思った君！ はっきり言ってあまい！ そんなことではアッパーなベーシストは望めない。ヘ音譜表を見て、そのフレーズのテンポや音のつながりから"どういったポジショニングが最も無理・無駄の少ない効率の良いものになるのか"ということを考えるプロセスも非常に重要なことの1つなのだ。

どういうことか、簡単な具体例を1つ挙げよう。譜例1-3に示す"G"の音は、一般的な21フレット仕様の4弦ベースの指板上では図1-1に示すように

譜例1-3

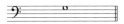

図1-1

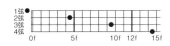

4カ所のポジションが考えられる。つまり、ヘ音譜表でこの"G"音が出てきた場合、使えるポジションはこの4カ所のうちのどれかしかないので、この中から前後の音のつながりを考え、一番自然でラクに弾くことのできるポジションを選び出せばいいというわけだ。
　しかもさらに言えば、このように指板上に4カ所のポジションが存在する音というのは、実は、開放音を含む指板上の全37音のうちわずかに7音（1弦開放G～1弦6フレットC♯）しか存在しない。したがって、その7音が存在するポジションの箇所は、7×4の28カ所になる。つまりほとんどの音（残りの8割強）はそれ以下の選択肢しかない、ということになるわけだ（正確に言うとそれ以外には、選択肢が3カ所存在する音、2カ所、1カ所、とそれぞれが10音ずつ存在する。自分で実際に確認してみよう）。
　何が言いたいのかというと、つまりタブ譜を用いずにヘ音譜表だけを読んだとしても、「どのポジションを押さえればいいのか？」といったことでそれほど悩むことはないよ、ということ。仮に、どのポジションを押さえたらいいかよくわからなかったとしても、試行錯誤しているうちに「あっ、ここはこのポジションならすごく弾きやすいじゃん！」と気づいた時の歓びも知ってもらいたいし、そうやって得たフレーズなりフィンガリングはきっと身に付くものになるはずだ。さらには、知らず知らずのうちに効率の良いフィンガリングが身に付いてしまうという、一石二鳥も三鳥もある嬉しい結果が待っているのだ！
　余談だが、この本ではこの先、こういった"ものの考え方"についても触れる場面がたびたび出てくると思う。大げさな言い方をすれば"メンタル・トレーニング""意識改革"だ。単に技術的な向上や知識を増やすということだけではなく、ちょっとした考え方の違いだけでも一皮むけたプレイはできるものなのだ（というか、実はそういう部分の比重は意外と大きいのだが）。たった今、この文章を読んで「なるほど！」と思った君は、もうすでに（わずかとはいえ）ステップアップしたと言ってもいいくらいである。同程度の技術力を持ったプレイヤー同士なら、音楽的な（効率の良い、いろいろな意味でバランス感覚のある、つまりセンスのいい）思考回路を持った者の方が一枚も二枚も上手（うわて）をいく、と心得よう。

■ポジショニングをラクにする2つの法則

前述の図1-1を見ながら、ある規則性に気づいた人も多いと思う。図で示したG音のポジションは、すべて弦が1本変わるごとに5フレットずつ移動している。具体的には、1弦0フレット（1弦開放）の音は、2弦では0に5を足した5フレットと同じに、3弦では5に5を足した10フレットと、4弦でも同様に15フレットと同じ音になる、といった具合だ（すでにある程度ベースを弾いてきた諸君にとっては"そんなの当たり前じゃん"と思えるかもしれないが……）。ちなみに、これを数式で表すと、

$$X弦のYフレット音 = (X+1)弦の(Y+5)フレット音$$

となる。数学が嫌いな人には何だかややこしく見えるかもしれないが、**図1-2**を見てもらえば一目瞭然だろう。譜面（五線譜）を見ながらあるフレーズを弾いている時に、どのポジションで弾いたらいいのか迷ったら、「やっぱりタブ譜がないと弾けないよ〜」なんて言わずにこの"5フレットの法則"を思い出せば、あっという間に選択肢が把握できるというわけだ。あとは前述の通り、その選択肢の中から前後の音のつながりを考え、一番自然でラクに弾くことのできるポジションを選び出せばいい。

指板上の動きをすばやく把握するためにもう1つ知っておくと便利な法則、それが"2フレットの法則"だ。これもすでによく使っている人が多いと思うが、いわゆる"オクターヴ"の関係のこと。先ほどと同様に数式で表すと、

$$X弦Yフレット音のオクターヴ上の音 = (X-2)弦(Y+2)フレット音$$

となる。これも**図1-3**を見ればわかりやすいだろう。もっとも、この法則はわざわざ説明するまでもなく、この本を読んでいる人ならほぼ100%知っているとは思うが。

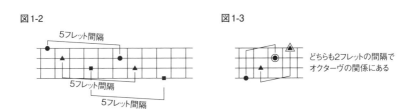

図1-2　5フレット間隔／5フレット間隔／5フレット間隔

図1-3　どちらも2フレットの間隔でオクターヴの関係にある

ちなみに、この法則と5フレットの法則とを組み合わせることで"7フレットの法則"が成り立つことも賢明なる諸君ならば気づくことだろう（**図1-4**）。したがって、これらの相関関係は**図**1-5のようになるわけだ。

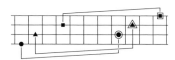

いずれも7フレットの間隔で、オクターヴの関係にある

これらの法則は、図で表したように視覚的なイメージで捉えていた方が実践力につながりやすいので、指板上の間隔を押弦する手のフォームで覚えてしまおう。

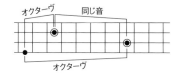

加えて言えば、指板上のすべてのポジションの音名を把握しておくことも非常に大切なことだが、初めのうちはこれらの法則を把握しておき、少なくともロー・ポジション（0〜5フレットあたりまで）の音名を把握しているだけでもそこから派生させたポジショニングがとれることになり、1つのフレーズをさまざまなポジションで弾くことが可能になるというわけだ。

■ポジショニングのまとめ

ゆくゆくは、指板上のあらゆるポジションを把握しておくことは必要だ。ここまで述べてきたことのまとめとして、ポジションの図を下記に記しておくので参考にしてほしい。（13フレット以上は1フレットからと同じ音のオクターヴ上）

図1-6

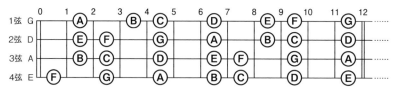

（空白部分は、左隣の♯か、右隣の♭）

■譜面から得られる情報 ── スマートな読譜の"ツボ"

　レベルの高いプレイヤーは、譜面から多くの情報をすばやく読み取る。譜面にはさまざまな情報が記されているので、誰が読もうとその情報は同じはずなのだが……しかし、現実にはそこに違いが現れてくる。これは経験値も必要なので、慣れてくればコツをつかめると思うが、実は譜面には、押さえておきたい"ツボ"のようなものがあるのだ。そこで、ここでは簡単な譜面を例に、その基本的なツボの押さえ方を知ってもらおうと思う。

　例えば**譜例1-4**をサンプルに、読譜力のあるプレイヤーの視点で見て、どのような順序で何に注意しながら見ているのか、シミュレーションしてみることにしよう。

譜例1-4

1　音部記号の確認

"音部記号"とは"ト音記号"とか"ヘ音記号"(他には"ハ音記号"もある)という五線譜の一番最初に付いている記号のこと。ベースはヘ音譜表を用いるのだが、まれにト音記号の譜面(ベース用のパート譜ではないもの)を渡されたりすることもなくはないので、読譜力のある人ほど無意識に確認する習性を持っていると言える。

2　調号の確認

"調号"とは、音部記号の次に記された"♯"や"♭"などの変化記号のことで、これによりその楽曲の"キー(調)"を知ることができる。ちなみに"♯"や"♭"の数と"キー(調)"との関係は**譜例1-5**の通り。

譜例1-4は"♯"が1つなので、この楽曲のキーは、メジャーなら"G"、マイナーなら"Em"とわかるわけだ。

3　拍子記号の確認

$\frac{4}{4}$、$\frac{3}{4}$、$\frac{7}{8}$……などなど。ちなみに"**C**"は$\frac{4}{4}$と、"**¢**"は$\frac{2}{2}$と同じことだ。

ここまでの1〜3は、見てわかる通り、五線譜の冒頭にひとかたまりに記されているもの。ここではあえて別々の項目としたが、実際はこの3つを一瞬で見て確認している場合が多い。この3つをワンセットでチェックするクセをつけよう。

4　テンポ表示

♩=120と示された"テンポ表示"を見て、どのくらいの速さの曲なのかチェックしておく。うっかり見過ごして、ドラムのカウントが出たとたんに「えっ、そんなに速いテンポなんだ！」なんてことにならないように。記された数字が少なければ遅く、反対に多ければ速いテンポとなるわけだが、そもそもこの数字が意味するものは何かご存じだろうか？　これは、そこに記された音符を"1分間に指示した数字の数だけ均等に打つことのできる速さ"で用いなさいということ。例えば"♩=90"ならば"4分音符を1分間に90回打てる速さで用いる"ということだ。したがって、"♩=60"の場合は、その4分音符の長さはちょうど1秒になる。このことがわかっていれば、テンポ表示と小節数から計算することで、その楽曲の1曲の正確な長さもわかるというわけだ。

5　楽曲全体の譜面上の流れ（進行）

ここでは、Intro.（4小節）→ A 1.———（6小節）→リピート→ A 2.———（6小節）→ B（4小節）→ *D.S.*（ダル・セーニョ）to A（この時同時に、「*D.S.*後の A はストレートだな」と思う）→ A ストレートで 2.———（6小節）→ to ✚→ End.（4小節）でおしまい……というように、頭から終わりまで譜面上でどのように進行していくか（流れていくか）を確認するわけだ。これは非常に大事なこと。そしてこの時、さらにその他の情報にも目をつけておく。ここでは具体的に、Intro. 部分は "*p*（ピアノ＝弱く）"で、A に入ったら "*mp*（メゾ・ピアノ＝やや弱く）"、 A の 2.———では"———クレッシェンド（だんだん強く）"、B に入ったら "*f*（フォルテ＝強く）"、 B の4小節目（*D.S.*の前）は"———デクレッシェンド（だんだん弱く）"などといった"強弱記号"や、End. の3小節目からは"*rit.*（リット。正確には"リタルダンド＝次第に遅く）"といった"速度記号（速度標語）"なども読み取っておくわけだ。こうしておけば、実際に演奏する際には"オタマジャクシ（音符）"に意識をより集中させることができ、要所要所で「おっと、確かこのあとに何か指示があったはずだな」などと前もって余裕を持ちながら変化する部分に向かうことができるというわけだ。

■読譜の究極は"読心"!?

　さて、このような"スマートな読譜"ができればすでに初心者ではないのだが、さらに意識してもらいたいことがある。それは譜面に表し切れていない作・編曲者の意図を読み取るということ。これはひと言で「こうすればこうなる」と言えるものでもないし、それほど簡単なことではないだろう。が、そういう意識を持って譜面に向かうのとそうでないのとでは雲泥の差があるのだ。譜面に記された記号や標語などは、自動車などで言えば道路標識のようなもの。あくまでも譜面の進行を迷わずに効率良く円滑に進めるための指示なわけだが、そこからさらに「ここで弱く弾く（p＝ピアノ）のはなぜ？」「このスタッカートは何のため？」「この繰り返しとダイナミクスの関係は？」というように、その記号の指示によって"作・編曲者は何をどのように表現したいのか？"という意図を読み取ることが大事だ。このことに気づいていない人は、他のプレイヤーの演奏を聴いてもなんとも思わないかもしれないが、このことを意識している人からすると、気づいていないプレイヤーの演奏を聴いて「う〜ん、デリカシーがないなぁ……」なんて思ってしまうこともある。そんな風に思われないようにするためにも、ワンランク上を目指す諸君には記号に込められた意図をしっかりと意識してもらいたい。

■バウンス・ビートと譜面表記の関係

　先ほどの**譜例1-4**はごく普通の$\frac{4}{4}$だったが、ヒップホップなどのファンキーなサウンドには欠かすことのできない"ハネた"リズムの楽曲も多い。いわゆる"バウンス・ビート"だ（"バウンス・ビート"の詳細は第5章を参照）。この"ハネたリズム"を表すには、譜面の冒頭に**譜例1-6**のような符割を記すので、このことも見逃さないようにチェックするクセをつけよう。また、このような"16分のハネ"の他に、8分でハネるいわゆる"シャッフル"もある。この場合は**譜例1-7**のような表記をする。ブルースやロック、ポップスなどさまざまなジャンルで頻出するので、こちらも見逃すわけにはいかない。これから弾こうとする楽曲のリズムが"ハネている"のか"イーブン"（＝ハネていない）なのかをチェックしないで弾き始めると、とんでもないことになるので注意が必要だ。

譜例1-6

譜例1-7

■音符／休符の長さ、記号のまとめ

前項で解説した音符や休符の長さや構成記号などをここでまとめておく。演奏するときには必要になってくるので、ぜひ覚えておいてほしい。

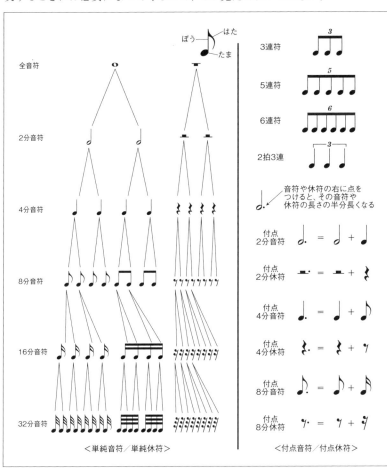

表1　音符／休符の長さ

譜例A　音階

$\frac{4}{4}$ / **C**		4分音符を1拍として、1小節に4分音符4つ分が入る
$\frac{2}{4}$		4分音符を1拍として、1小節に4分音符2つ分が入る
$\frac{3}{4}$		4分音符を1拍として、1小節に4分音符3つ分が入る
$\frac{6}{8}$		8分音符を1拍として、1小節に8分音符6つ分が入る
$\frac{2}{2}$ / ¢		2分音符を1拍として、1小節に2分音符2つ分が入る
‖: :‖	リピートマーク	3xなどと書いてある場合は、その回数だけ、またはx Timeやオープンと書いてある場合は、合図があるまで繰り返す
D.C.	ダ・カーポ	曲の一番始めに戻る
D.S.	ダル・セーニョ	𝄋 へ戻る
⊕	コーダ・マーク	to ⊕ から ⊕ へ飛ぶ
Bis	ビス	指定された部分を繰り返す
1. 2.	カッコ	1. を演奏してリピートしたら、2回目は 1. を飛ばして 2. へ
∕.	小節反復	前の1小節と同じパターン
∕∕.	小節反復	前の2小節と同じパターン
•	スタッカート	音符を短く演奏する
ten.	テヌート	その音の長さを十分に保つ。音符の上または下に―の記号が付く
⌢	フェルマータ	音を適当な長さだけのばす。エンディングによく使われる
Fill in	フィルイン	フィルインを弾く箇所
rit.	リタルダンド	だんだん遅く
accel	アッチェレランド	だんだん早く
>	アクセント	強く演奏する
<	クレッシェンド	だんだん強く
>	デクレッシェンド	だんだん弱く
⌣	タイ	同じ高さの2つの音符を結んで、切れ目なく連続した1つの音として演奏する
⌣	スラー	高さの異なる2つ以上の音符の上または下につけられる弧線。滑らかに演奏する
f	フォルテ	強く
p	ピアノ	弱く
pp	ピアニッシモ	ごく弱く
mp	メゾピアノ	やや弱く
ff	フォルテシモ	ごく強く
mf	メゾフォルテ	やや強く

表2　拍子、構成記号、強弱記号

フォーム編〜あなたの弾き方は変？

間違った弾きグセが、知らない間にプレイアビリティ（弾きやすい効率のよい演奏性）の低下を招いていることもある。ここからは、各奏法におけるフォームをチェックしていくことにしよう。

■右手の基本的な奏法と注意点
●2フィンガー

エレクトリック・ベースに限らず、アコースティックを含めたベース史上最も古くから用いられている弾き方で、あらゆるサウンドやフレーズにオールマイティに対応できるのが"指弾き"だ。そしてその中でも最も基本的なものが、人差指と中指を使う"2フィンガー"である。すでに多少なりともベースを弾いている諸君には「何を今さら」という気もするかもしれないが、意外と「指弾きは苦手……」という人も少なくはないようだ。そんな人の多くはちょっとしたフォームの改善で、これまでと比べ格段に弾きやすくなることもある。まずは以下に挙げる点に該当していないかチェックしてみよう。

悪癖その1　指が常に曲がっている

特に女性など比較的力の弱い人に多く見られるようだが、弦をハジく2本の指が常に曲がった状態にある場合。図1-7のように、このタイプの多くは、弦を下から上に引っ掻くように弾いているのも特徴だ。これでは弦をハジく力がしっかりと弦振動として伝わらないために、パワーをロスしているだけでなく、太く締まったいい音も得られない。

図1-7

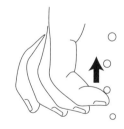

指が常に曲がっていると、無駄な力を要し、音は弱々しいものになってしまう

悪癖その2　指が伸びきっている

　その1とは反対に、指を伸ばしすぎてもダメ。これも初心者に見られる弾き方だが、動きが不自然で堅くなってしまい、非常に効率が悪い(**図1-8**)。また、この弾き方だと弦をピックアップ方向へ押しつけるような動きになり、発音に瞬発力がなくなってしまう。

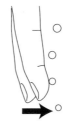

指が伸びきったままだと動きが堅く、
音も弱々しい

　では効率の良いフォームとは？　弦をハジく瞬間に指が伸びるものの、堅く力が入っているわけではない。ボールを投げる瞬間の手首のように指先にスナップを利かせる感じがお薦め(**図1-9**)。指全体は、水泳のバタ足のように、しなやかにたわむ程度がベストだ。

弦をハジく瞬間のみ指が伸びるが、たわみがあり、スナップを利かせる感じ。太く締まった音になる

悪癖その3　弦と指の角度が悪い

　教則本などでまれに「指は弦に対して垂直に」などと説明している場合があるが、この点については過剰に意識する必要はない。ベースを構える角度や、人差指と中指の長さの違いなどは個人差があって当然で、弦に対する入射角が多少斜めになっても心配は無

指が弦に対して多少斜めになっても
かまわない

用だ (図1-10)。ただし、あまりに斜めになりすぎるとやはりパワーにロスが生じ、音も弱々しいものになってしまうので、同じ強さで弦を弾きながら徐々に角度を変えて、音の変化を実際に確かめてみることを勧める。どのくらいの角度で一番好みの音が得られるか、把握しておこう。ちなみに、あえて音に変化を付けるために、故意に指を寝かせてソフトな音色を得る場合もあるので、自分の奏法のバリエーションとして会得しておくといいだろう。

●ピック弾き

　ピック弾きは、指弾きに負けず劣らず古くから親しまれている弾き方だ。特にロック系では必須といってもいいほどの常套フォームだが、ロックに限らず幅広いジャンルで用いられている。ところがこのピック弾きでも、あまり良くないクセをつけてしまっている人が意外と多く見られる。自分でわかっている上で、あえてそうしているのならまだしも "指弾きだと指が痛いから" といった理由で初期の頃からピック弾きに "逃げてきた" 人の場合は、特に無意識のうちに悪いクセがついてしまっている場合があるようだ。

悪癖その1　ピックが弦に当たる角度を考えない

　意外と気にしていない人が多いのがこれ。ストラップの長さを含めたベースの構え方によってもピックが弦に当たる角度は変わってくるので、人それぞれでも構わないのだが、この "ピックが弦に当たる角度" よって音色が変わるという事実を知っていてほしい。具体的には、ピックが弦に当たる角度が斜めになればなるほど、弦とピックによる摩擦音が増えることになると同時に、弦に伝わるパワーも変化する。それらが音色に影響するというわけだ。

　図1-11を見てみよう。ピックが弦に当たる角度に関しては、一般的に多く見られるAのような "順アングル"、摩擦音が比較的少ない "平行アングル"（B）、ベースでは少数派だがギターのカッティング（特に黒人系音楽に多く見られる）で用いられる "逆アングル"（C）などがある。パワーロスの少なさという観点から見ると、平行アングルが最も効率は良いのだが、4本の弦すべてに対してこのアングルを保ち続けることは現実的に言えば不可能に近い。したがって、こ

のアングルを過剰に意識する必要はないが、極端に斜めになりすぎないように注意しよう。実際に音を出しながら、角度の変化で音色とプレイアビリティがどのように変わるかを自分の手と耳で確かめてもらいたい。

図1-11

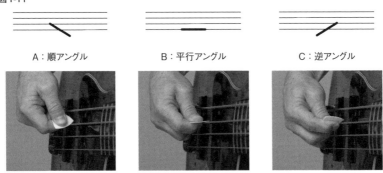

悪癖その2　ピック自体の違いを知らない

　何となく"ベースだからピックは大きめのオニギリ型"と決めてかかっている人もいるのではないだろうか？　実は、ピックの形状、材質、厚さ、硬さなども音色とプレイアビリティに影響する。一般的に、硬いものほど音も硬めになると言われているが（ピックの材質、厚さなどがこの硬さに影響する）、問題は冒頭に述べたようにその形状も関係するということ。ピックの形によって、弦と接する部分のアール（曲がり具合）が微妙に異なるため、弦と擦れる際の音に影響が出るわけだ。非常に微妙ではあるものの、これも事実として知っておいてもらいたい。さらに、そのアールの違いによっては、ピッキングした瞬間の抜け具合（逆に言えば弦への引っかかり具合）にはっきりとした差が現れるので、これも実際にさまざまなピックを弾き比べて自分に合うものを見つけてもらいたい。"ただ何となく"という選択はやめにしよう。

◀左からティアドロップ型、オニギリ型、ベース専用トライアングル型

悪癖その3　弾き方を気にしていない

　ピッキング・フォームには、大きく分けて次の3通りが挙げられる（図1-12）。

図1-12

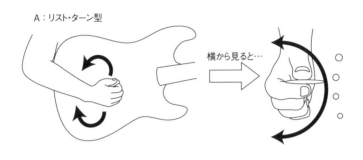

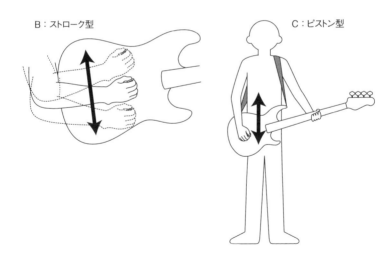

A　前腕の回転運動による"リスト・ターン型"
B　前腕の上下運動による"ストローク型"
C　上腕も含めた腕全体を上下させる"ピストン型"

Aの"リスト・ターン型"は最もパワーロスの少ない省エネ奏法で、細かいフレーズやテンポの速い時でも対応可能なものだ。ダウンとアップを一定のリズムで繰り返すいわゆる"オルタネイト・ピッキング"もやりやすい。Bの"ストローク型"は8ビートなどの8分弾きなどでよく見られるが、"リスト・ターン型"と比べると速く細かいフレーズにはやや難がある。Cの"ピストン型"は特にストラップを長めにし、ベースを低い位置で構えるタイプの人に多く見られるが、パワーのロスは最も多く、速弾きにも不向きだ。しかしながら、ビジュアル面を考慮したフォームというのも場合によっては大事なこととも言えるので、一概にどうすべきだとは言えない。ただ、今よりもうまくなりたいと考えているのなら、自分の出したい音、自分の弾きたいフレーズが思い通りに弾けるフォームおよび弾き方というのは非常に大事なことであるとともに、自分でしか決めることはできないということを認識しておきたい。ピック弾きで"どうも思ったように弾けない""どうも思った音色が得られない""どうも長時間弾くと疲れる"という人は、これらの点をチェックする価値は大いにあると言える。

●スラップ

　幅広いプレイヤーに人気があり、この奏法のおかげでベースを弾く層に厚みが増したといっても過言ではない"スラップ"。それだけに、演奏の内容に幅があるのもまた事実。つまり、うまい人とヘタな人の差が激しい、言い換えれば、ヘタな人はすぐにバレちゃう奏法とも言えるわけだ。こんな"実はシビアなスラップ"をいい加減に弾いていないかな？　では、どんなところが"ヘタに聴こえちゃう"原因であり弱点となっているのかチェックしてみよう。

弱点その1　独りよがりなリズム

　スラップはその弾き方ゆえに発音がシャープだ。したがって発音タイミングなどによって、リズムの良し悪しの差がはっきりとわかりやすいと言える。結局は常日頃のトレーニングの積み重ねが大事なのは言うまでもないが、リズムの悪さが露呈しやすいスラップにおいて、今一度自分のリズム感について再確認しておこう。

スラップでよく見られる悪い例としては、"リズムが詰まりやすい"あるいは"ハシりやすい"といったことが挙げられる。他の奏法に比べ、比較的細かい音符を用いたフレーズが多用されるためか、それぞれの音符の長さが十分でなく、全体的に短めに詰まってしまったり、同様に先へ先へとハシってしまう、というものだ。リズムについては後述するが、"独りよがり"なリズムでのプレイは恥ずかしいと心得よう。

弱点その2　サムピングとプルのコンビネーションの悪さ

スラップでのフレージングやリズムを決定づける大事なファクターに"サムピングとプルのコンビネーション"が挙げられる。この2つの動きが車の両輪のように連携していればリズムも安定するし、フレーズも滑らかなものとなる。ところが弱点を持った初心者ベーシストの中には、"スラップで弾く"ということだけで頭の中がパンパンになり、サムピングはサムピング、プルはプル、というようにそれぞれが独立した別個のものとして動いている場合が多い。しか

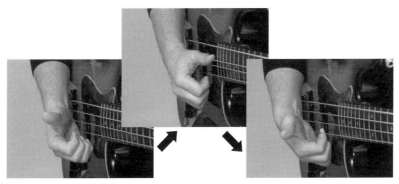

▲サムピングとプルのコンビネーション／一連の動き

図 1-13

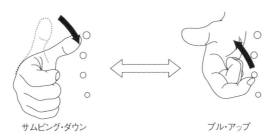

サムピング・ダウン　　　プル・アップ

し本来は、サムピングの"ダウン"とプルの"アップ"が、ピック弾きにおける"ダウン＆アップ"と同じように表裏一体となって動くことが基本なのだ(**図1-13**、**1-14**)。"どうもサムピングとプルのコンビネーションがぎこちない"という人は、ピック弾きの際の"オルタネイト・ピッキング"を思い出してみよう。一定のリズムでダウン＆アップを繰り返すこのピッキングでは、例えば音価の長い音符や休符の時など、空ピッキングすることで一定のリズムを保っていた。スラップも同様で、"サムピング・ダウン"と"プル・アップ"を一定のリズムで保ち、符割によっては空ピッキングの要領でダウン＆アップの動きを継続することで、より滑らかで安定したリズムを得ることができるのである。

図1-14

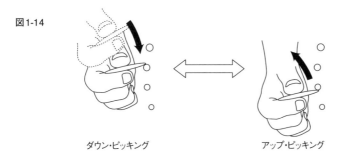

ダウン・ピッキング　　　　　　　アップ・ピッキング

弱点その3　音色がイマイチ

　スラップの音色に気を配っていない人が多いのも、初心者ベーシストに多く見られる点だ。そもそも音色というものはプレイヤー個人の好みによるものなので、"こうでなくてはいけない"とは言えないのだが、その音を"出したくて出している"のと"何も考えずに出している"のとでは雲泥の差があるということを再認識してほしい。特に多く見られるのが、直前までしていた指弾きとスラップに切り替えた時の音色にあまりにも違いがあり、音量までも変わってしまうケース。これでは聴いているお客さんどころか、一緒に演奏しているバンドのプレイヤーたちでさえやりにくく感じてしまうだろう(前述の通り、意図的にそうしている場合は別だが)。

　ベース本体の個体差や、アンプやエフェクターのセッティングによってもずいぶんと変わってくるが、どうしてもスラップの方がアタックが強くレベルも

上がりやすい。コンプやリミッター、イコライザーなどのエフェクターを上手に活用するのも腕前のうち。積極的に研究してみる価値は大いにある。ただし、何でもかんでもエフェクターに頼っては初心者の域を出ることができない。できるだけエフェクターに頼らずに、サウンド・メイキングをするクセをつけよう。スラップ時のサウンド・メイキングのコツとしては、やたらプルを目立たせて派手にしすぎないこと。プルはもともと目立つので、耳に痛い成分をカットし、サンピングが細くならないよう低音成分に注意を払うといいだろう。

弱点その4　右手の動き

　実はこれまで挙げた3つの弱点の原因となり得るのがこの"右手の動き"だ。リズムもコンビネーションも音色も、すべて右手の動きがおかしいと悪影響が及んでしまう。"ちゃんとやっているつもりなのに、何か変……"と思う人は以下の点をチェックしてみよう。

・サムピング

　諸君の中に、どんな場合（場面）でもサムピングの弾き方は1つ、という人はいないだろうか。実はサムピングには大別して2通りの弾き方があり、それによって音色や、対応するフレーズの内容までもが変わってくるのだ。"そんなの当たり前じゃん。サムピング・ダウンとサムピング・アップだろ"と思った人もいるかもしれないが、ここで言いたいのはサムピング・ダウンに関しての話。

　まずは図1-15のように、親指のやや斜め先端部分で弦をヒットし、そのまま弦を通過するように弾ききる"スルー・タイプ"。この弾き方で得られる音色は、比較的太めで重いものだ。音価の長い音符や、粘っこいニュアンスを出したい時に向いている。

図1-15

例:3弦を弾いて通過　　　このあたりで弦をヒット

もう1つは、**図1-16**のように、親指の第一関節の側面あたりで弦を叩き、また元の位置に戻るように跳ね返る"リバウンド・タイプ"。この弾き方で得られる音色は、よりパーカッシブで、倍音を多く含んだものとなる。細かいフレーズや速いテンポでの連打に向いている。

　例えば、**譜例1-8**のようなフレーズをゆっくりしたテンポで弾いてみよう。このような場合、1小節目はすべて"スルー・タイプ"のサムピング・ダウンで、また、2小節目のプル以外の部分はすべて"リバウンド・タイプ"のサムピング・ダウンで叩いてみると感じがわかると思う。もちろん、"そうじゃなきゃいけない"というわけではないのだが、このように弾き分けることでフレーズごとの説得力が変わってくるということを知っておいてもらいたい。

図1-16

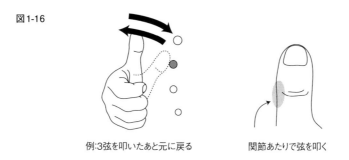

例：3弦を叩いたあと元に戻る　　　関節あたりで弦を叩く

譜例1-8

・プル

　プルで最もビギナーズ・ライクなのは、なんといってもやたらと力むこと。特にオイシイ場面や、いわゆる見せ場になると多く見られる。もともとプルという弾き方自体がインパクトがあり、十分パーカッシブなものなので、ことさら力む必要はないもの。ところが初心者は、ついつい張り切りすぎてしまうようだ。スラップの達人になればなるほど、プルは"タイミング命"となっていく。そこに"力の強さ"という意識はない。針で刺すようにタイミングを見計らったポ

イントで"瞬発力"のある、言い換えれば"音の立ち上がりの鋭い"プルをハジくのだ。そのためにはリラックスした右手の動きが必要で、力みがあっては逆効果となる。フォーム自体に特別な違いはなくとも、右手がガチガチにならないよう意識しよう。今ここで述べたことを考えながら弾くだけでも、きっとワンステップ、上達しているに違いない。

■**左手の基本的なフォームと注意点**

　ベースで音を出すためには、右手によるピッキングと左手による押弦が必要なことは言うまでもない。まさしく車の両輪のごとく、どちらが欠けても成り立たないものだ。どちらも非常に重要な作業なのだが、こと左手の押弦、フィンガリングを軽視しているビギナーが多いようである。フォームが悪いとどうなるのかというと、きれいな音が出ない、滑らかなフレージングが行なえない、弾けるはずのフレーズも弾けない、すぐに疲れてしまい長時間プレイができない……など悪いことずくめ。どんな押さえ方をしても一応音は出るので、さして問題視せずに弾き続けてしまい、気がついた時には時すでに遅し、変なフォームが身に付いてしまったなんてことにならないよう、今のうちに自分のフォームをチェックしておこう。

●**基本は4フレット・フォーム**

　左手の押弦フォームの基本中の基本が、この"4フレット・フォーム"。これは、左手の人差指から小指までの4指に対して、それぞれ1フレットずつ対応させる、いわゆる"1フレット1フィンガーの法則"にのっとったフォームだ。

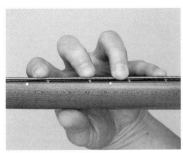

◀1フレットに1フィンガーを保つ、4フレット・フォームの例

図1-17を見ながら話を進めよう。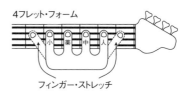
例えば、人差指で2フレット、中指が
3フレット、薬指は4フレット、小指
が5フレットといった図の形、これが
基本中の基本。ネック裏の親指の位
置を動かすことなく、1カ所で対応す
る基本形だ。ちなみに、このように"親指の位置を動かすことなく対応できる
範囲"のことを"1ポジションで対応できる範囲"と表現するので覚えておこう。
さらに、このフォームに限ったことではないが、フレットのすぐ脇を押弦する
ことも基本中の基本。これはビビリ音などをなくし、少ない押弦力できれいな
発音を得るためのマスト・ファクター。早いうちから無意識にこれができるよ
うにクセをつけよう。

　さて、1ポジションで対応すべき基本が4フレットだと述べたが、ポジション
によってはさらに、人差指と小指でそれぞれ隣のフレットをカバーするので、
実際には4本の指で6フレットに渡って対応することになる（**図1-17**の点線部
分。ちなみにこのように指を広げる動作を"フィンガー・ストレッチ"という）。
これは手の大きさやフレットの幅、押弦するポジションなどによっても異なっ
てくるが、なるべく意識してこのようなフォームを保つクセをつけよう　。な
ぜなら、ポジション移動が少なければ少ないほど、移動間に要するタイム・ラ
グを減らすことができるし、余裕を持って効率の良い運指を行なうことが可能
となるからだ。ビギナーには、この基本フォームができていない人が非常に多
いが、これから先、速いテンポのフレーズや煩雑なパッセージなどを弾きこな
さなければならない状況が訪れた際に、この基本フォームがどれだけ重要だっ
たか身をもって感じる日が必ず来るはずだ。

●栄養満点の"ドレミファソラシド"

　ここで何も考えずに"ドレミファソラシド"を3弦3フレットから弾いてみて
もらいたい。「なんで今さら"ドレミファソラシド"なんか」と思うことなかれ。と
にかく、何も考えず、まずは弾いてみよう。次に、自分が今どんな指使いをし

たかを思い出しながら、**譜例1-9**を見てみよう。実はこの時に**譜例1-9**のようなフィンガリングができていれば合格だ。ネック裏の親指を動かすことなく、すなわち"1ポジション"のフォームで、3弦3フレットの中指から順に、3弦5フレット（以下3-5）小指、2-2人差指、2-3中指、2-5小指、1-2人差指、1-4薬指、1-5小指、という指使いだ。ロー・ポジションなのでフレット幅が広いため、手の小さい人にはちょっとキツイかもしれないが、この程度はなんとか頑張ってもらいたい。もちろん、フレットのすぐ脇を押弦することは言うまでもない。フレットとフレットの真ん中なんか押さえている人はフィンガリングが合っていたとしても失格！

　このことでわかるように、実は"ドレミファソラシド"には基本的に必要な要素が凝縮されている。"4フレット・フォーム"で4本の指をすべて使うことで効率の良いフィンガリングの基本が身に付き、さらにロー・ポジションならば若干のストレッチまでできちゃうという運指界の"カロリー・メイト"のようなものだ。よって、バンドの練習や本番前のウォーミング・アップの時など、仲間とおしゃべりをしながらでもこれをやるだけで十分に効果はある。スケールや特別な練習フレーズなどを知らなくても誰でも簡単にできちゃうしね（スケールに関しては後述するが、実はこの"ドレミファソラシド"は"アイオニアン・スケール"という立派なスケールだ）。ウォーミング・アップで"ドレミ……"を弾いている人を見て「フン、初心者か」と思った君！　君こそ初心者なのだよ。

譜例1-9

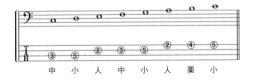

● **手の小さい人だって大丈夫！　3フレット・フォーム**

　先ほど"ロー・ポジションなのでフレット幅が広いため、手の小さい人にはちょっとキツイかもしれないが"と書いた。いくら手が小さいとはいえ、**譜例1-9**の"ドレミファソラシド"はぜひとも正しいフィンガリングで弾けるようにしてもらいたいが、**図1-17**の点線で示した"フィンガー・ストレッチ"に関しては、

手が小さい人には物理的に不可能な場合もあるのでできる範囲で構わない（ただし、弾けるよう努力は続けるべきだが）。さらには、ロー・ポジションでの4フレット・フォームがどうしても不可能という人は、これから述べる"3フレット・フォーム"で弾いてみよう。ただし、これはあくまでも最後の最後の手段の奥の手的救済策（しつこい！）なので、4フレット・フォームを基本に弾くクセをつける努力は怠らないでほしい。

　図1-18に示すように、例えば人差指が3-3の時、薬指に中指を添えた2本1組で3-4を、小指で3-5を、というように、4本の指を3フレットに対応させる方法だ。これなら手の小さい人でもラクに押弦ができる。ただし、小指以外の3本の指で3フレットに対応させるような構えをしてはいけない（人差指が3-3、中指が3-4、薬指が3-5で小指を余らせておくという構え）。これでは小指を使わなくなるという悪いクセがついてしまうからだ。4指をまんべんなく使いこなせるようにすることは大前提なのでお忘れなく。

　ちなみに、このフォームで**譜例1-9**の"ドレミ……"を弾くとどうなるかというと、**譜例1-10**のようなフィンガリングになる。つまり、3から5フレットを基本のポジションとして構え、途中出てくる2フレットの音は、ストレッチ・フィンガーの人差指を使うという解釈だ。個人差はあるだろうが、一般的に指を広げる動作において、中指と薬指、あるいは、薬指と小指の間が広がりにくいのではないだろうか。その弱点を補えるフォームでカバーしようというのがこの"3フレット・フォーム"なのである。余談だが、エレクトリック・ベースよりも弦長の長いアップライト・ベースの場合の左手の基本フォームが、実はこの"3フレット・フォーム"である。

▲アップライト・ベースの基本フォーム

■フィンガリング・ポジション選択の基本的ルール

　さてここまでは、基本中の基本でありながら、あまり意識していなかったんじゃないかなと思える"4フレット・フォーム"について述べてきたが、これと同様に地味ながらも重要なことがもう1つある。それは"ポジショニング"だ。つまり"どのポジションでそのフレーズを弾くか"を決めること。スマートな思考回路を持ったプレイヤーは、これを自然と行なっている。

　例えば**譜例1-11**のC音を弾く場合、ポジションの選択肢は3-3と4-8という2カ所が考えられるわけだが、この場合は3-3が基本だ。なぜか？　それは、3-3が"その音から次につながるであろう音により幅広く対応でき得るポジション"だからだ。つまりこの場合、この音からつながる音が上行（高い音方向）の場合はどちらでも大差ないが、下行（低い音方向）の場合は3-3の方が明らかに効率が良いわけだ（**図1-19 A、B**）。もちろん、この例ではたった1つの単音を始点に考えているわけだが、実際には複数の音が連なったフレーズとして考えることになる。さらには、あえて弦の違いによる音色の違いを求めたり、スライドやグリスといったニュアンスなども加味されたうえでポジショニングされるのは当然のことだ。ワンランク上のベーシストを目指すなら、効率の良い省エネ的フィンガリングができるポジショニングがすばやく取れるような思考回路を持ってもらいたい。

譜例1-11　　　　　図1-19

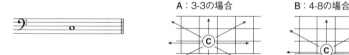

■ミュート ── 思いやり？マナー？

　これから述べることもビギナーに多い悪癖の1つ。どうも音を出すことばかりに気がいってしまい、音を出さないことに意識がまわらないというもの。こ

れを読んで「???」と思っている人はまだまだだ。うまい人になればなるほど"弾かないセンス"を持っている。これは、実音との対比という意味での"休符の使い方"がうまいということと、"発音"(音の出)同様"切音"(音の切り)のタイミングに十分に気を配っているということ。これらの点については後述するとして、ここではまず基本となるミュートと消音について確認しておこう。

●余弦のミュート

　ギターやベースなどの弦楽器では、音を出している弦以外の弦にも振動が伝わるため、結果すべての弦が発音しようとする。どういうことかというと、例えば、すべての弦に手(左手)を触れず、すなわちすべての弦を開放弦状態にして、4-0(4弦の開放音)を弾いたとする。当然弾いた音は大きく出てくるが、しばらくすると他の弦の振動が雑音となってわずかながら混じってくるのがわかると思う。これが開放音でなく、ある1つのポジションを押弦して弾いたとしても、その弦以外にまったく触れていなければ同様の現象が起こるわけだ(図1-20)。

図 1-20

この弦を弾いて振動し… 　しばらくすると… 　他の弦もわずかに振動する(ノイズが増える)

　つまり、ベースという楽器は"余弦(出したい音の出所となる弦以外の弦)は常にミュートしておかなければいけない楽器"なのだ。にもかかわらず、この大前提のマナーともルールとも言えることをまったく意識せずに、不要な音が「ボワ～ン」と鳴っているのに平気なプレイヤーは、デリカシーのかけらもない、はっきり言ってダメダメ君だ。実際にビギナーのプレイ(特にライヴ)を見ると、こういうダメダメ君が意外と多い。ハイレベルなベーシストならば、どんな時でも必ず左右どちらかの手(あるいは両方の手)で、常に余弦に触れているク

セを身に付けているもの。ただこれは"この音の時はこのようなフォームで"などと体系立てて決められることではないので、諸君がそれぞれ試行錯誤しながら、効率の良いフォームを模索することが重要だ。

▲1弦を弾いている時に2、3、4弦を右手でミュートしている例

▲4弦を弾いている時に1、2、3弦を左手でミュートしている例

●消音

　余弦のミュートと同様に、周囲をガッカリさせてくれる悪癖が、この"消音"ができていない人。これはつまり、"それまで弾いていた音を残したまま次の音を弾く"という状態。特に開放音が「ボワワワ〜ン」と残っている人が稀にいる。たとえて言うなら、これまで付き合っていた彼女ときれいに別れていないうちに次の子に手を出しちゃった男のようなもの。ほらね、ひんしゅくモノでしょ？

　音楽でも同じ。これまである音を出していて、次の音を出す時には、キチッと前の音は止めてあげよう。これも前項同様決まったフォームはないので、今まで気にしていなかった人は意識改革が必要だ。

必須テクニック編〜キラリと光る小技たち

　与えられたベース・ラインをただそのまま弾くだけなら誰にでもできる。もちろんリズムの良し悪しや、発音・切音のタイミング、音色など、質の違いは出てくるだろうが、ただ弾くだけなら"普通の"ベーシスト止まりだ。では、さらに上を行くプレイヤーとはどこが違うのかというと、"表現力""説得力"が違うと言える。同じフレーズでも、聴き手に訴えかけるパワーが違うのだ。ではそれはどこから生まれるのか——ひとつに、ここで触れる"小技"が挙げられ

る。"小技"とは言うものの、ちょっとしたニュアンスで、聴く人の胸に"キュン！"ときちゃったりすることがあるのは諸君も経験があるだろう。そんな小技をこれ見よがしではなくさりげなく、時には大胆に、フレーズの中に溶け込ませて、スパイスの効いたプレイができるのが一枚上手のベーシストだ。ここで挙げる小技たちはいずれも基本的なものなので、すでに諸君もよく知っているものばかりだと思うが、知っている人はおさらいのつもりで再確認をし、初めての人はこれらがいつでも使えるように自分のものにしてほしい。

■グリス

　正確には"グリッサンド"だが、"グリス"でも通じる。難しく言えば"異なる2音間を半音間隔で連続して移行する動き"となるが、ベースでは押弦した指を弦の上を滑らせて横方向に動かす（移行する動きが半音ではなく無段階に連続したものを"ポルタメント"という。フレットのあるベースでは構造上あり得ないが、フレットレス・ベースやシンセなどのキーボードで聴いたことがあるだろう）。この時、低い音から高い音への動きを"アップ・グリス"(**図1-21**)、逆に高い音から低い音へ動くことを"ダウン・グリス"(**図1-22**)という。楽譜上では**譜例1-12**のように"スラー"に"*g.*"（または"*gliss.*"）を付けて記譜する。ちなみにこの"グリス"は、始点と終点のいずれか（あるいはその両方）の指示があやふやな場合も多い。

図1-21　　　　　　　　　　　図1-22

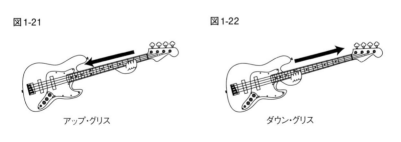

アップ・グリス　　　　　　　　　ダウン・グリス

譜例1-12

■スライド

　本来は前項のグリスと同義だが、ギターやベースなど弦楽器に特化して用いられる言葉。記譜は**譜例1-13**のように"スラー"に"s."を付ける。なお"スライド"と"グリス"を区別するために、始点と終点の両方が明確なものを特に"スライド"とする解釈もあるようだ。注意点としては、"グリス""スライド"ともに、押弦力があまいと音がビビったり、途中で音が途切れてしまうので、弦の加圧が弛まないように気をつけよう。

譜例1-13

■ハンマリング

　正確には"ハンマリング・オン"だが、"ハンマリング・オフ"というものはないので、単に"ハンマリング"だけでも十分に通じる。文字通り"ハンマー（hammer）で叩く"という意味で、ある音からその音よりもやや高い別の音へ移行する際に、その発音を右手でのピッキング（ピック、指に関わらない）を用いずに、左手の指で弦を叩いて行なうもの。言葉で説明するとややこしいが、**図1-23**の要領だ。記譜は**譜例1-14**のように、"上行スラー"に"h."を付ける。弦を叩く強さによって、得られる音の大きさが変わってくるので注意しよう。

図1-23

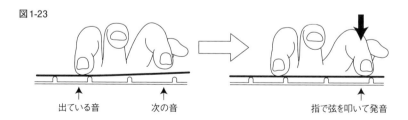

譜例1-14

■プリング

　前項のハンマリングと対をなすのがこの"プリング"（正確には"プリング・オフ"）だ。こちらも右手のピッキング動作を用いずに、左手で文字通り、弦を引っ張って（pull）離す（off）という動作で音を出すもの。引っ張るといってもスラップのそれとは異なり、実際には弦をやや引っ掻くような感じだ（**図1-24**）。記譜は**譜例1-15**のように、"下行スラー"に"*p.*"を付ける。しっかりと発音させるのがやや難しいかもしれないが、引っ掻き方で得られる音量が変わってくるので、実際に試してみよう。また、実際のフレーズでは、**譜例1-15**の最後の部分のように、前項のハンマリングとこのプリングが連続して使われることも多い。

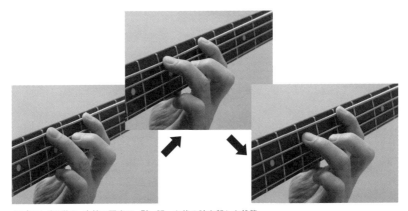

▲プリングの動き。右端の写真は、引っ張った後の弦を離した状態

図1-24

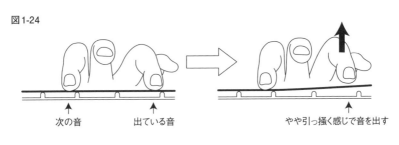

譜例1-15

■トリル

ある基準となる音と、その上部の隣接する音（通常はスケール上の次の音）とを交互に細かく演奏すること（その細かさはテンポなどによって異なる）。前述のハンマリングとプリングを連続させて用いる場合が多い。楽譜では、**譜例1-16**のように"tr.～～～"と記譜する。

譜例1-16

■ヴィブラート

押弦する指で弦を揺らすことによって音を震わせる動作。非常に微妙な違いだが、効果的に使えばデリカシーのある大人の味付けができる。横方向（弦と水平方向）に動かす通常のものと、チョーキングのように縦方向に揺らす"チョーキング・ヴィブラート"がある（**図1-25A、B**）。いずれも揺らす幅の大きさや速さによって、得られるニュアンスが変わってくる。楽譜では、**譜例1-17**のように記す。

図1-25

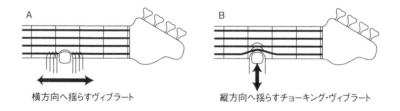

譜例1-17

■チョーキング

　ギターにおけるマスト・テクニックの1つなので知っている人も多いだろう。図1-26A、Bにように、音を出したあとの押弦している指を縦方向、つまり弦の上方向に押し上げるか、あるいは下方向に引き下げることで音程を変える弾き方だ（ちなみに、このように始点となる音から押し上げたり引き下げたりする動作を"チョーク・アップ"、その変化した音の位置から元の音の位置に戻す動作を"チョーク・ダウン"という）。チョーキングする時の弦の上げ幅（下げ幅）で得られる音程が変わってくる。記譜は、**譜例1-18**のようになる。

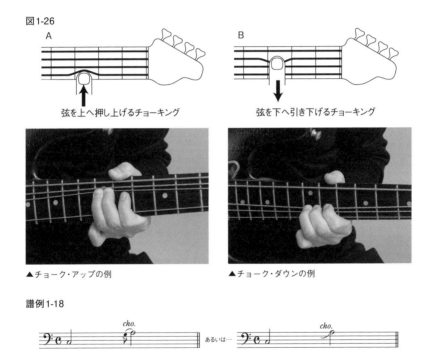

図1-26

▲チョーク・アップの例　　　　▲チョーク・ダウンの例

譜例1-18

■ゴースト・ノート

　幽霊の（ゴースト）音（ノート）、つまり、"実態のない音"のこと。どういうことか簡単に言うと、アタック音だけを出して音程を伴わないピッキング・ノイズ

のようなものだ。具体的には、右手のピッキングは通常と同じ。これは指弾きでもピック弾きでも一緒。変えるのは左手の押弦だけ。通常の実音を出すようなしっかりとした押弦ではなく、弦には触れるが押弦はしないでおく、つまり左手は"ミュート"する時と同じフォームになるわけだ（**図1-27**）。この状態でピッキングすると"音にならない音"が得られ、これを"ゴースト・ノート"という。何のためにこんなことが必要かというと、"リズム感をより強調し、サウンドをグルーヴィなものにするため"に他ならない。つまり、ベースという楽器には必要不可欠なテクニックなわけだ。特に16ビートなどではいちいち楽譜には書かれていなくとも、プレイヤーが自ら取り入れて弾く場合が多い。記譜は**譜例1-19**のように"符頭"（オタマジャクシの頭の部分）をバッテンにして表す。注意したいのは、弦には常に複数の指で触れているクセをつけること。なぜかというと、弦に触れる場所によっては、ナチュラル・ハーモニクス（後述）が出てしまうのでそれを防ぐためだ。

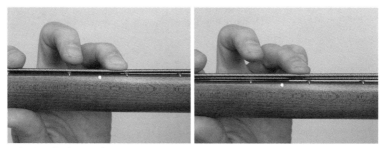

▲左写真は弦を押さえて音を出している状態、右写真は弦に軽く触れてミュートしている状態。この微妙な違いがわかるだろうか

図1-27

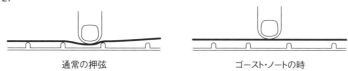

通常の押弦　　　　　　　　　　ゴースト・ノートの時

譜例1-19

■ダブル・ストップ

　ダブル・ストップとは2本の弦を同時に弾くこと。ベースは基本的に単音楽器のため、部分的にこのようなプレイでバリエーションをつけるのも効果的だ。最も多く使われるのは、**図1-28**のように1弦と2弦を同時に弾くものだが、**図1-29**のように1弦と4弦など、他の組み合わせもある。この場合の記譜は、それぞれ**譜例1-20**、**21**のようになる。注意点としては、ベースが低音楽器のため、あまり低いポジションで用いると音が濁ってしまい良い効果が得られないということ。そのため、多くの場合、図のようにハイ・ポジションで用いるのが一般的だ。また同様の理由から、3弦と4弦という組み合わせもあまり用いられない。

◀1弦と2弦を同時に弾いている例（下の譜例とは異なるポジション例）

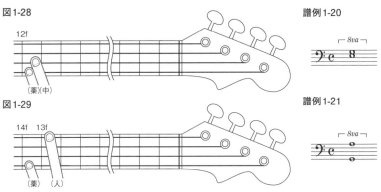

■ミュート・プレイ

　前述の"ゴースト・ノート"もミュート・プレイの一種だが、ここで挙げるのはちゃんと音程感のある"実音の"ミュート・プレイ。先ほどとは逆に、今回は左手

は通常通りにしっかり押弦。異なるのは右手。右手の手刀（小指側側面）をブリッジ近くの弦上に当て、その状態を維持したままピッキングするというもの（図1-30）。この時、写真のように指弾きなら右手親指で、ピック弾きなら普通にピックを持ち普通にピッキングする。このようにして弾くことで、ややくぐもった弾力のある音が得られ、色気のある大人の演出には欠かせない小技の1つとなる。このテクニックをうまく利用するポイントは、右手手刀部分の弦に押し当てる、つまりミュートする位置とその圧の微調整だ。この位置がブリッジから離れてネックに近づいていくほど、かかるミュートがキツくなり（あまりブリッジから離れすぎると音程が取れずにただのアタック・ノイズだけになってしまう）、圧も強ければ強いほどミュートがキツくなる。試行錯誤しながら実際に自分の耳で違いを感じ取ってほしい。記譜は**譜例1-22**のように、単純に"*mute.*"と指示する。

図1-30

この部分をブリッジ近くの弦に当てる

▲手刀部分でミュートし親指でピッキング

▲手刀部分でミュートしピッキング

譜例1-22

43

■ハーモニクス奏法

●ナチュラル・ハーモニクス

"ハーモニクス"とは"倍音"のこと。ある一定の決まったポイントで、左手指を弦に軽く触れた状態でピッキングをして得ることができる。よくチューニングの時に5フレットや7フレットで"ポーン"と鳴らすあれだ。この"ハーモニクス"を使ったプレイのことを"ハーモニクス奏法"といい、5フレットや7フレットのように開放弦上の決まったポイントで得られるハーモニクスを"ナチュラル・ハーモニクス"という。

◀左手の指を弦に軽く触れた状態でピッキングする

ハーモニクスが得られるポイントのことを"ハーモニクス・ポイント"というが、このポイントはある原理に基づいて決まってくるものである。その原理とは、"ハーモニクス・ポイント＝弦長の1／整数"というもの。現実的にはベースの場合、ナット（0フレット）からブリッジのサドル（駒）までが弦長になるわけで、その1／整数、つまり、1/2、1/3、1/4……というのがハーモニクス・ポイントになるわけだ。言葉で説明するより図を見てもらえればわかりやすいと思うので、図1-31を見てもらおう。

ブリッジからナットまでの弦長の中で、1/2のポイントというのはちょうど12フレットに位置し、ここでは開放弦の1オクターヴ上の音が得られる（ちなみに、ここでは実音とハーモニクスが同じ音程だ）。そしてさらにそこから1/2、つまり弦長の1/4のポイントというのは5フレット（と、もう1カ所は、ネックのボディ側の端とフロント・ピックアップの中間あたり）に位置し、ここではさらにオクターヴ上、つまり開放弦からは2オクターヴ上の音が得られる。さらにそこから1/2、つまり5フレットとナットのちょうど中間の位置（2フレットのやや3フ

レット寄りのポイント。弦長の1/8)はさらにオクターヴ上の音が……、というように同様に続いていくわけだ。ちなみに、弦長の1/3のポイントは、7フレットと19フレットに、また1/5のポイントは、4フレット、9フレット、16フレット、フロント・ピックアップのややネック寄りのポイントに位置する。このように見ていくと、ハーモニクス・ポイントというのは理論上は無数に存在することになるが、実際に音が得られやすいものはこの中の数カ所にとどまる。ナチュラル・ハーモニクス・ポイントの主なものは、2フレットのやや3フレット寄り、3フレットのやや4フレット寄り、4フレット、5フレット、7フレット、9フレット、12フレット、16フレット、17フレット、19フレット……などだ。

図1-31

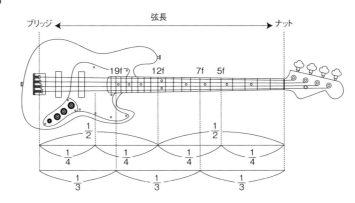

● **人工ハーモニクス**

　ここまではすべて開放弦を基準に話を進めてきたわけだが、同じ"ハーモニクス・ポイント＝弦長の1／整数"という原理を用いて、押弦した任意の音からもハーモニクスを得ることができる。これを"人工ハーモニクス"と呼んで、先の"ナチュラル・ハーモニクス"と区別している。ただし、この場合は左手はすでに押弦して使っているので、ハーモニクス・ポイントに触れるのとピッキングのどちらも右手で行なわなければならない。したがって、"弦長の1/整数"とはいうものの、実際には"押弦したポジションからブリッジまでの1/2"のポイントを使ってオクターヴ上の音を得る、という使い方が多いようだ。右手の動き

は図1-32のように、ハーモニクス・ポイント上の弦に右親指で軽く触れ、人差指（あるいは薬指など）でピッキングするというもの。この時、親指と人差指で軽く弦を挟めるように、弦のやや横から触れるのがコツだ。もちろん慣れてくれば、1つの押弦した音に対して1/2だけでなくいろいろなハーモニクス・ポイントで弾くことも可能だし、押弦する音自体も多く存在するので、それこそ無数のハーモニクスを得ることができるだろう。これらハーモニクスを楽譜に記譜する際は、**譜例1-23**のように、オタマジャクシの頭（符頭）を"◇"で表す。

▲右の親指をハーモニクス上の弦に触れさせ、人指し指でピッキングする

図1-32

ハーモニクス・ポイントピッキング

譜例1-23

ベースを持つときのフォーム

ベースを演奏する時、立って弾く場合と座って弾く場合があるが、どちらも肩の力を抜いて自然な体勢で演奏することが大切。自然な体勢で持つと、ネックが地面に対して水平よりやや上向きになるはずだ。

▲立って演奏する場合。オーソドックスなフォームはネックがやや上向きに傾いている

▲座って演奏する場合。足を組んで演奏する人も少なくない。

いつでも役立つ基本的なウォームアップ・フレーズ

　どんなスポーツでも、ウォームアップ（ウォーミングアップ）は非常に大切なもの。スポーツではないにしても、繊細な指の動きが要求される楽器演奏だって同じことだ。特に、フィンガリングのウォームアップは、その直後の演奏に備えるためでもあるわけだが、毎日短い時間でも続けることによって、無駄に力の入らないスムーズなフィンガリングが身に付いていくという大きなメリットもあるのだ。4指の動きの中での偏りをなくし、どの指でも同じようにまんべんなく使いこなせるようにしたり、また手の小さい人の場合は、毎日少しずつでも続けることで、指がより開くようになるという効果も期待できる。アンプなどに通すことなく、TVを見ながらでも構わないので、とにかく1分でも長く楽器に触れている時間を増やしてあげることが大事だ。

　ここではそんな有意義なウォームアップ用のフレーズをいくつか挙げておくので、先に述べた"ドレミファソラシド（アイオニアン・スケール）"とともに、少しでも多く覚えて役立ててもらいたい。なお、すべてのウォームアップ・フレーズにおいて、フレットのすぐ脇を押弦し、音がビビらないようにすることが大前提だ。さらに、バランスのいいピッキングができているか確認するために、各音が同じようなバランスで発音されているかも常にチェックしながら弾こう。譜例では、フレーズが途中で切れているが、すべて規則性を持ったフレーズなので、その後も同様にハイ・ポジションまで続けよう。また、ここでは特にテンポは指定していないが、ゆっくりしたテンポから速いテンポまで、必ずメトロノームなどを使って、規則正しいリズムで弾くことが重要である。そうすることで、自分の不得意な指使いでリズムが乱れる、というような弱点を発見することができるからだ。したがって、自分の弾きやすいテンポばかりではなく、逆に、あえて弾きにくいテンポで重点的に行なうことも効果的だ。

■指慣らし&4指独立のためのメカニカル・トレーニング・フレーズ
●定番クロマティック・フレーズ　………………………………………譜例1-24
　ウォームアップ・フレーズの中でも定番中の定番"クロマティック・フレーズ"

だ。ちなみに"クロマティック"というのは"半音による動き"のこと。つまり、ベースやギターでは、1フレットずつの動きになるわけだ。左手の最も基本的なフォームである4フレット・フォームを維持しつつ、2小節ごとを1ポジションで弾こう。

●変形クロマティック・フレーズ ……………………………………… 譜例1-25
　上記の変形版。出だしの指の動きは、1-3-2-4（人差指－薬指－中指－小指。以下指番号は同様）となる。慣れないうちは、必要以上に指がバタついてしまうので、極端に指を弦から離さないように、指板からの高さを一定に保ちつつ基本の4フレット・フォームを維持しよう。これも2小節ごとに1ポジションをカバーしよう。

●クロマティック6連フレーズ ………………………………………… 譜例1-26
　譜例1-24の定番クロマティック・フレーズと似た動きを6連符で行なうもの。多くの日本人が不得意とすることの多い3連系リズムのエクササイズにもなる。同じく2小節1ポジション。

●2フィンガー・1セット・フレーズ ………………………………… 譜例1-27
　動きとしては定番フレーズに準じたものだが、1＋2、2＋3、3＋4、という2本1組の指使いで行なうもの。特に、押弦力が弱いとされる薬指と小指の強化にもなる。ここでは3小節を1ポジションでカバーしよう。

●人差指ホールド・フレーズ …………………………………………… 譜例1-28
　タイトル通り、人差指をホールドしたまま行なうもの。具体的には、フレーズを弦ごとに、つまり2拍ずつ、弦から人差指を離さずに押弦したまま行なう。押弦に必要な筋力を鍛えられるほか、あまい押弦をしていたり押弦位置が悪い場合にはすぐに音がビビってしまうので、チェックにも役立つ。

譜例 1-24

譜例 1-25

譜例 1-26

譜例 1-27

譜例 1-28

"度"が示すもの

ここでは頻出する音楽用語をいくつか解説しておこうと思う。

まずはコード"C"を例とした**譜例A**を見てみよう。"ルート"とはそのコードの"根音"のことで、文字通りコードの土台となる音。コード表記のアルファベット部分(譜例ではC、ド)だ。この音を基準に"ドレミファソラシド……"と並んでいる音を、音程を示す単位である"度"を用いて、"ド＝ルート(1度)、レ＝2度、ミ＝3度、ファ＝4度……"と呼ぶわけだ。これが基本。しかしその音の間に♭したり♯したりする音も出てくる。その中で特に3度と7度については、♭したものをそれぞれ"短3度""短7度"と呼ぶ。これがいわゆる"マイナー"で、英語表記だとそれぞれ"m3rd""m7th"となる。"メジャー"の場合は"長3度(M3rd)""長7度(M7th、あるいは△7th)"となるわけだが、3度に関してはあえて"長(M、△)"を付けない場合が多い。

同様に5度に関しては、♭したものを"減5度(dim)"、♯したものを"増5度(aug)"と呼ぶ(**譜例B、C**)。さらに"テンション・ノート"と呼ばれるその他の音は、♭や♯を付けて呼ぶことが多い(**譜例D**)。なお、これらの詳細は第3章を参照してほしい。

一方、これらとは別に、曲のキー(調)から"コード"同士を呼ぶために使う言葉としての"度"がある。これは2音間の音程を指すものではなく、トニック(主音)と各コードのルートとの音程を示すもので、ローマ数字で表示していく。

例えば"Cメジャー"のキーの場合、コード"C"を"トニック・コード"と呼び、そのスケールの第2音(この場合レ)をルートにしたコード(この場合Dm)のことを、トニックから2番目に位置することから"Ⅱm(2度マイナーと読む)"と表すわけだ。その後も同様に、Ⅲm、Ⅳ……と続くことになる(**譜例E**)。

第 2 章

ベース・パターンを知る

ただ何となく弾くのではなく、まずは"ベース・パターンを知る"ことから始めてみよう。ここでは、あらゆるジャンルに対応できるような"パターンの引き出し"となる王道フレーズから、ベース・ラインを作っていく際に知っておきたい要素まで、まとめて紹介していく。

よく聴く！よく弾く！王道ベース・フレーズ

　先人のプレイから学ぶべきことはたくさんある。だからこそほぼすべてのプレイヤーは、長い年月に渡り"コピー"という手法を取ってきているのだ。コピーすること自体は、理論などを知らなくてもできる。そうしていくうちに、理屈はともあれ、いくつもの素晴らしいフレーズ、パターン、テクニックなどが自分の引き出しに蓄えられていく。あとはいかにその引き出しに詰まった素材を適材適所で使いこなせるか、あるいは、自分流に派生させてオリジナリティを出せるかということだ。引き出しが多くなることは、メリットこそあれデメリットは何もない。諸君がバンドで練習中、バンマスに「この曲のベースは××風に」なんて言われた時、それほど得意じゃない分野でも、引き出しがあればとりあえず「××風」に弾くことはできる。そのあとにバンドのサウンドに沿うように、自分流にアレンジしていけば新しいものが生まれることにもなるわけだ。

　ここでは、引き出しに詰められるような代表的なジャンルにおける"王道フレーズ"をいくつか挙げておこうと思う。ただし、これらのパターンをただ弾くだけではいけない。各パターンには、一枚上手をいくために注意すべき簡単なワン・ポイントも加えてある。"音楽のジャンル分けなんてナンセンス！"と思う向きもおありだろうが、おおまかな指標として有効活用してもらいたい。

■ロック／ポップス系

●王道8分ルート弾きフレーズ　…………………………………… 譜例2-1

　長い歴史の中で多様な進化を遂げてきた"ロック"。その王道と言えばなんといってもこれ、泣く子も黙る"8分ルート弾き"。ピック弾き（特にダウン・オンリー）が多く見られるが、どんな弾き方でも多く利用されており、ラウド&ノイジーなギター・サウンドにも負けない、ベースらしい無敵パターンだ。伸びたり縮んだりしないイーブンなリズムと各音の粒立ちの均一感が大事。

●16フィールの8ビート・フレーズ　……………………………… 譜例2-2

　前例が8ビートの王道だったのに対し、こちらは16フィールを含んだ8ビー

トということになる。ハード・ロックなどで多く見られるパターンだ。ちなみに、8ビートとは8分音符のみを使ったフレーズ（あるいは、16ビートとは16分音符のみを使ったフレーズ）ということではない。ベースだけでなく、アンサンブルをなすすべての楽器を含めたサウンド全体において、そのリズムの基本となるビートが8分（あるいは16分）ということだ。ここでのポイントは、ピッキングにおけるオルタネイションのスムーズさ。

●疾走感命の"倍テン"パンク・ロック・フレーズ　譜例2-3

　パンク・ロックなどに多く見られるのは、スピード感命のいわゆる"タテノリ系"のサウンドだ。ちなみに"倍テン"とは、"倍のテンポ"という意味で、本来は曲の途中でテンポが変わる際などに、それまでのテンポから倍の速さのテンポ（例：♩=120 → ♩=240)になることを言うのだが、あたかも8分ウラにスネアがあるようなテンポの速さのものを"倍テン"と呼ぶこともあるので覚えておくといいだろう。このようなサウンドでは、リズムがモタったり遅れるようでは話にならない。"ベースはバスドラと合わせて"などと悠長なことは言っていられないので、2＆4拍のスネアに照準を合わせて、リズムが止まらないように一定に弾き続けるのが大事だ。

譜例2-1

譜例2-2

譜例2-3

● **重低音命のスラップ・ヘヴィ・ロック・フレーズ** ……………… 譜例2-4
　"ヘヴィ・ロック"では、ベースは重低音の響きが特徴となっており、Low-B仕様の5弦ベースなど多弦ベースも多く用いられている。幾分"ドン・シャリ"傾向にサウンド・メイクされたベースをスラップで弾くスタイルが多く見られるが、特にストラップを長めにしてベースを縦に構えて、プルよりもサムピングを多用するスタイルが多いと言える。重さを演出するための、ゆったりした音符の捉え方も大事だが、同時に、(場合によってはエフェクターをうまく使って)低音を強調するサウンド・メイクも重要だ。

● **ポップス系8ビート・フレーズ** …………………………………… 譜例2-5
　"ポップス"とは"大衆音楽"を意味する"ポピュラー・ミュージック"と同義。譜例は、さまざまなポップスで普遍的に使われ続けている8ビート・パターンだ。休符やウラの符割の取り方次第で、無数のパターンが作れるため、あらゆるジャンルに多用されるフレーズでもある。リズムが均一かつ一定に流れていけるかが大事。

● **ポップス系16ビート・フレーズ** ………………………………… 譜例2-6
　スロー・バラードからノリノリの曲まで、さまざまなテンポで頻出するフレーズ。譜例2-5の8ビートに対して、こちらは16ビート・パターンとなっている。さまざまなテンポに対応するためには、第1音のスタッカートの長さや休符の取り方など、音符や休符それぞれの"長さ"をどれだけしっかりと把握できるかが非常に重要なポイントとなる。特にスロー・テンポの場合には、音符(および休符)が伸びたり縮んだりしないように十分注意しながら弾こう。

● **流麗8ビート・バラード・フレーズ** ……………………………… 譜例2-7
　ポップス系のバラード(特に8ビートの場合)では、譜例のようないわゆる"1拍半"フレーズが非常に多く用いられる。このようなフレーズでは、スライドやグリスを用いて滑らかさを出すのがコツ。そのためには、音が途切れたりしないように注意しながら演奏する必要がある。特にコードの変わり目など、必要

以上に早く音が途切れてしまわないように、ギリギリまで神経を集中させることが肝心だ。

譜例2-4

譜例2-5

譜例2-6

譜例2-7

■ジャズ／フュージョン系

● ジャズ系ウォーキング・ベース・フレーズ ………………………… 譜例2-8

　もともと"バカ騒ぎをする""戯言を言う"という意味の"ジャズ"の基本は4ビートだ。つまり1小節を4分音符で4つずつ刻んだラインが王道。ちなみに、テンポによってはそのようなラインで演奏されるベースのことを"ウォーキング・ベース"といい、まさしく軽快に（リズミカルに）歩く感じのビートだ。また、4ビートは1拍を3連で捉えるのが基本で、譜例の冒頭にある"バウンス"（ハネるリズム）の指定のように、8分2つで記譜された符割は"ターン・タ"と3連で取ることになる。4つで刻む感じを崩さずに、ところどころに3連符（あるいはその一部）を入れることで、独特のビート感を出すわけだ。ここでのポイントは、譜例のようにゴースト・ノートを3連と絡めてうまく利用すること。また、2＆4拍といった"アフター・ビート"にアクセントを置くのも効果的だ。

● ジャズ系高速ランニング・ベース・フレーズ ………………………… 譜例2-9

　非常に速いテンポで4ビートを刻む例だ。ジャズではこういうスタイルを多く見ることができる。あまりの速さに、時としてリズムを見失いかねないこの手のサウンドでは、他の楽器の道しるべとなるように、しっかりと4つを刻み続けることが求められる。したがって、当然リズムがヨレたりしてはならない。ベースがみんなを引っ張っていくようなつもりで、4つを刻む意識が大事だ。

● ジャズ系ツー・ファイブ・フレーズ ………………………… 譜例2-10

　ジャズでお馴染みの"ツー・ファイブ"というコード進行を用いたフレーズ。ジャズの場合、その自由な演奏形態ゆえにコードも臨機応変にアレンジしながら演奏されることも少なくなく、譜面に記されていないコードや音を部分的に加えながらの演奏となることもよくある。譜例の各4拍目の音は、記されたコードのコード・トーンではないが、さまざまな解釈からこのように次の音へアプローチするプレイが多く見られる。

● **フュージョン系クイクイ・スラップ・フレーズ** ……………………… 譜例2-11

　文字通り"溶け合う""融合する"という意味の"フュージョン"は、かつては似たような意味の"クロス・オーヴァー"と呼ばれていた。ネーミング通り、さまざまなサウンドの要素が混じり合ったフュージョンの中でも多く見られるのは16ビートだろう。特にベースの場合、スラップは好んで使われる傾向にあるようだ。速いテンポで細かいフレーズを他の楽器と合わせる"シカケ"や"シンコペ"（シンコペーション、クイ）はその常套手段とも言える。したがって、タイトなリズムは必須条件だ。そのためには、音の出るタイミングだけでなく、音の切れをシャープにすることがポイント。

譜例2-8

譜例2-9

譜例2-10

譜例2-11

■R&B／ソウル／ファンク系

●R&B系ほのぼの8ビート・フレーズ……………………………………… 譜例2-12

　まだ"ソウル・ミュージック"という言葉が使われるずっと以前から、黒人大衆音楽を"リズム・アンド・ブルース"と称していただけあって、文字通り躍動感溢れるリズミカルなものから、哀愁が漂うブルージーなものまで、そのサウンド傾向は実に幅広い。譜例はほのぼのとしたミドル・テンポの8ビート・パターンの例。R&Bにはこの手のものがよく見られる。ゆったりと符割をとることと、2&4拍のアフター・ビートがポイントだ。

●R&B系シャッフル・ブルース・フレーズ …………………………………… 譜例2-13

　R&Bでは、その音楽的基盤でもあるブルースが色濃く反映されたサウンドも多い。ブルースの表現方法もさまざまだが、譜例はハネた、いわゆる"シャッフル"の例だ。1拍を形成する8分2つを、休符を挟まずに"ターン・タ"とするか、あるいは間に3連8分の休符を入れて"タ・ッ・タ"といういわゆる"中抜き3連"にするかでも、ずいぶんノリが変わってくるので、そのあたりの処理の仕方がポイントとなる。

●R&B系ユニゾン・リフ・フレーズ ……………………………………… 譜例2-14

　R&Bにはベース・ラインをリフ（比較的短めのフレーズ）で構築したものが少なくない。そのリフを基本に、場合によっては他の楽器（例えばギターなど）とユニゾンで延々と繰り返していくというパターンが多く見られ、他の楽器が徐々にフレーズを崩していく中でベースだけが頑なにキープし続けるというケースも多い。実際に延々と同じフレーズを繰り返してみるとわかると思うが、徐々にリズムが突っ込んで速くなってしまうことがある。安定してリズムをキープすることが重要だ。

●ソウル系王道モータウン風バウンス・フレーズ ……………………… 譜例2-15

　リズム・アンド・ブルースから派生した、特にゴスペル色の強い黒人系音楽を総称して"ソウル・ミュージック"と呼ぶわけだが、そのリズム・パターンはあま

りにも多種多様である。というわけで、ここではほんの一例を。譜例は多くの曲に用いられてきたパターンで、ハネた16分のリズムが特徴だ。特に指示してはいないが、第1音をスタッカート気味に弾くと、より"それっぽい"ニュアンスが出るだろう。8分のウラを意識したアフター・ビートがポイント。

●**ソウル系バラード・フレーズ**……………………………………………………譜例2-16

　ソウル系のバラードでは、このような3連系のものがよく見られる。譜例は8分の12拍子で、全体的にゆったりとした雰囲気の中でも"チチチ・チチチ"という3連のリズムがしっかりとキープされているのが特徴(この"チチチ・チチチ"という3連のリズムが、音として演奏されているかは別)。場合によっては驚くほど遅いテンポのものもあるが、どこまでリズムをタイトに保てるかがポイントだ(その観点から言うと、ソウル系バラードには非常にタメになる曲が多く存在する)。

●ソウル系ちょっとエッチなバラード・フレーズ ……………………… 譜例2-17
　ブラック・ミュージックでは、スペース(休符)の取り方が非常にうまいものが多い。譜例はそんなソウル系バラードの代表的なフレーズ。一見簡単なように思えるかもしれないが、実は奥の深〜いパターンだ。この休符部分を他の楽器がどう埋めるのか、あるいは埋めないのかというのは、ひと言で言えばセンス次第なのだが、ベーシストは、そういう"他の楽器が遊べる土台を作ってあげる"という意識を持つことも非常に重要である。他の楽器が安心して遊ぶためには、ベースは休符部分でのリズムを見失うことがないように、しっかりとリズムをキープしてあげることが必要なわけで、そのためには、そこに行くまでのプロセスでの正確かつ安定したリズムの供給が不可欠。つまり、冒頭の2拍で完璧なリズム感を打ち出さなければいけないということだ。

●ファンク系ネバネバ8ビート・フレーズ ……………………… 譜例2-18
　"ファンク"とは、臭い匂いや黒人の体臭を意味するスラングから転じて"イカした""セクシーな"という意味で使われている"ファンキー"から派生した言葉だが、その語源通り、黒人独特の粘りやバウンス感が最大の特徴の音楽である。ベースの場合、スラップはもちろんだが、オート・ワウや、ファズなどの歪み系エフェクターを利用することも多い。譜例はそんなタイプの例で、重く粘っこく弾くのがポイントだ。

●ファンク系懐かしのディスコ・フレーズ ……………………… 譜例2-19
　ディスコ系のサウンドで頻出した8分のオクターヴ・パターン。これだけで"いかにも！"と感じさせてくれる説得力がある。各8分のオモテとウラの長さをそれぞれどのように出すか(テヌートかスタッカートか、など)によってさまざまなニュアンスが得られる。均一で安定したリズムが必要なことは言うまでもないが、このパターンを延々続けるためには、意外と握力や筋力も必要になってくる。

● **ファンク系グルーヴィ・スラップ・フレーズ** ･････････････････ 譜例2-20

　ファンクのスラップは、フュージョンに見られるそれと違って、重く粘りがあるのが特徴。譜例はシンプルなルート弾きとオクターヴ弾きからなる例だが、前半のルート弾きもロックの場合とは違い、音価（音符の長さ）を変えている点が特徴となっている。これによって"真円の回転"とは違った"楕円回転のグルーヴ"が生まれるわけだ（**図2-1**）。ポイントとなるのはその音価の調節と、サムピングでいかに太い音を出せるか、だ。

図2-1

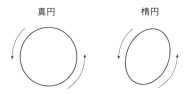

正確な規則正しい回転運動ではなく、楕円が回転していくような伸び・縮みのあるイメージで

譜例2-17

譜例2-18

譜例2-19

譜例2-20

■その他の王道フレーズ

●ヒップホップ ……………………………………………………………… 譜例2-21

　ヒップホップとは、音楽に限らず、アート、ダンスなど、黒人の若者によって作り出された"ストリート・カルチャー"を指す言葉である。音楽的には、ダンス・ビートが基本的な特徴であることは言うまでもないが、譜例のように、ラップやスクラッチ、ブレイク・ビーツなどをミックスするスペースを計算したアレンジが必要になってくる。アフター・ビートとリズムのバウンス感がポイント。

●ハウス ……………………………………………………………………… 譜例2-22

　もともと黒人の作り出した"ディスコ・サウンド"に、白人の持つ機械的なダンス・ビートが融合してできたもので、いわゆる"4分打ち"が最大の特徴だ。譜例のように、バスドラやベースが機械的に延々と4分打ちをすることで、ある種テクノっぽいノリを生む。そんなサウンドゆえに、イーブンで安定したリズム感がポイントとなる。

●スカ ………………………………………………………………………… 譜例2-23

　R&Bがジャマイカに渡り変化していったもので、次に挙げる"レゲエ"の原型といわれるサウンドだ。ウラ拍を意識したギターのカッティングが特徴となっているが、ベースは、コードのルート、3度、5度という、いわゆる"トライアド"を4分打ちするのが代表的なパターンである。アップ・テンポの曲が多いので、リズムに乗り遅れないように、しっかりと4分打ちをキープすることが大事だ。

●レゲエ ……………………………………………………………………… 譜例2-24

　レゲエは1960年代末期にジャマイカで生まれた音楽で、スカから派生したものだ。のちに"ダブ"やDJの"トースティング"などのカルチャーも生む。ウラ拍を強調した独特のリズムが特徴で、譜例のように3連でハネているものが多いが、まったくハネないものもある。ベースのラインでは、譜例2小節目のように、小節の1拍目の音を抜くいわゆる"アタマ抜き"が多く見られるのも特徴で

ある。ポイントとなるのは、音価の調節。これによって雰囲気はガラリと変わってしまうからだ。また、引きずるような粘りのあるタイム感も欲しい。

譜例2-21

譜例2-22

譜例2-23

譜例2-24

ベース・ライン作りの基本を知る

　ここまでは、先人たちが残してきたさまざまなベース・パターンの中からほんの一握りを、ジャンルごとに見てきた。これにより、未体験の音楽であっても"こんな感じ"という雰囲気を出すための足がかりにはなると思う。さて、もともとは楽譜や耳コピで体得したパターンであっても、弾いていくうちに「もっと自分らしいベース・ラインにしたい」と思ったことはないだろうか。「他の人と同じじゃイヤだ」「自分でも作ってみたいな」という気持ちが沸き上がってきたら、そこがワンランク・アップのチャンス。ここではベース・ライン作りの流れとともに、初めてでも作れる"コツ"を教えちゃおう。

■ラインを決定する3要素"音、リズム、表情"
　ベース・ラインを作っていく際に大事なのは、まずは"音"。どんな音を使うかが最も大事で、当たり前だがこれが決まらないと始まらない。次に"リズム"。その音をどんなリズムで並べていくかということで、この"音"と"リズム"はどちらが欠けても成り立たない。言い換えれば、この2つが決まればラインはできたも同然だが、そこからさらに次なる要素である"表情"を加えて初めてラインが完成するのだ。つまり、弾き方（ピックで弾くか指弾きかスラップかなど）や音色をどうするか、他の楽器とのバランスを考えてそのラインでいいのか、ダイナミクスや抑揚をつける演出を考えるといった具合だ。ここが初心者との大きな違いで、ただラインを弾くだけで満足してはいけないということ。では、これらの要素を順を追って見ていくことにしよう。

●音の選択
　ベースのラインを作る時の音選びには、基本的な"決まりごと"がある。どんな音でも"ただなんとなく"並べるわけにはいかないのだ。ちなみに、これから先、出てくる音楽用語がわからない人は、第1章末で別途説明してあるので、そちらと合わせて読み進めてほしい。

基本その1　ルート

　諸君はバンドのアンサンブルにおけるベースの役割というものを把握しているだろうか？　バンド・サウンドを支える、グルーヴを出す、サウンドの方向性を示しつつバンドを牽引する……などなど、非常に重要な位置にいるのだが、なんといっても基本は、バンドのサウンドを支え、安定させることにある。サウンドの土台をしっかりと固め、他の楽器が演奏しやすい環境を作ってあげるわけだ。

　そういった意味で、ベース・ラインの音選びで最適なのは"ルート"の選択ということになる。まずはこれが基本中の基本。どんなに難しいコードが出てこようとも、ルートを弾いていれば間違いない。例えば**譜例2-25**のように"C7(♭5, ♭9, 13)"というややこしいコードが出てきた場合、よくわからなかったら迷うことなく、このコードのルート"C"を弾けばいいのだ。もっとも、ややこしいとか簡単だとかということは問題でなく、どんなコードにおいても、ルートがサウンドを一番安定させるということに変わりはない。

譜例2-25

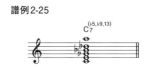

基本その2　トライアド

　コードに関してはあとで詳しく触れるが、ここではまず、"トライアド"というのはコードの原型をなす"三和音"のこととだけ覚えておこう。言い換えればコードの基本形だ。それはどういう音かというと、"ルート・3度・5度"の3つの音。例えば"C"というコードなら"ド・ミ・ソ"だし、"Am"というコードなら"ラ・ド・ミ"ということ（**譜例2-26**）。ね？簡単でしょ？　このトライアドが、ルートに続いてベースが選択すべき音に適しているというわけだ。実際にはトライアドにはルートが含まれているので、ベーシストがルートの次に安心して選択できる音は"3度と5度"ということになる。

譜例2-26

基本その3　その他のコード・トーン

これも前項同様に簡単に説明しよう。まず、トライアド、つまり"ルート・3度・5度"の三和音と、それに"6度か7度"を加えてできた"四和音"のうち、通常よく使われるものを"ベーシック・コード"と呼ぶ。また、それを構成する音のことを"コード・トーン"というわけ。

例えば"C7(#9)"というコードの場合、四和音の"ド・ミ・ソ・シ♭"までを"コード・トーン"と呼ぶわけだ（**譜例2-27**）。ちなみにこの場合、"コード・トーン"以外の音"#9＝レ#"のことを"ノン・コード・トーン"あるいは"テンション・ノート"と呼ぶのでついでに覚えておこう。というわけで、安定感のある音の順に、ルート、（ルート以外の）トライアド、そして（トライアド以外の）"コード・トーン"となるわけだ。

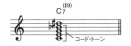

譜例2-27

基本その4　テンション・ノート、その他

前項でも触れた"テンション・ノート"というのは、もともと非常に不安定な音である。一種の"緊張感"（テンション）を生み出す効果のある音ということでこの名前が付いているくらいだから、ラインに選択するには当然リスクがあるわけだ。しかし短めの音符で効果的に使えばバリエーションも広がり、それなりの効果を生むことが期待できる。このあたりにはセンスが必要となってくるが、こういう音もラインに使えるということを知っておこう（**譜例2-28**）。

さらに、まるっきりコードと関係ない音も場合によっては使うことがある。"パッシング・ノート"（経過音）といって、あるコードから次のコードへの移り変わりで、その流れ（音のつながり）をスムーズにするために用いる音のことだが、**譜例2-29**のように、どちらのコードともまったく関係ない音を使うことがあることも知っておこう。

譜例2-28

譜例2-29

というわけで、ベースのライン作りで音を選ぶ際に、ある程度の優先順位を持って選択肢が変わってくるということがわかってもらえただろうか。ここに、ある簡単なコード進行を例に挙げて、これまで述べた優先順位に従って音を選ぶことでベースのラインがどのように変わっていくかをシミュレーションしてみたので、参考にしてほしい。

　譜例2-30を見てみよう。コード進行はすべて同じで、C△7(9)→Dm7(9)→G7(♭9)→Cとなっている。一見しただけでも随分感じが違うことがわかるだろう。ここでは、各コードの第1音（弾き始めの音）はすべてルートとしてあるので、実際には他の音から弾き始めたりすればもっとバリエーションは広がるわけだ。さらに、このあとで述べる"リズムの構築"を考えれば、1つのコード進行でもベースのラインのバリエーションは無限に広がっていることがわかると思う。

譜例2-30

●リズムの構築

　ベース・ライン作りでリズムを考える時、"このように決めなければいけない"というものは何もない。他の楽器、なかでもドラムと一緒に"こうしてみようか""ああしてみようか"と試行錯誤する過程を楽しむことも大事だ。しかしそうかといって、あまりにもメチャクチャやり放題では困ってしまうので、注意すべき基本的なポイントを挙げておくことにする。

基本その1　変わり目はハズさない

　小節が変わった際やコードが変わった時など、"変わり目"のアタマはベースをハズさないのが最も基本的な形だ。特にその場合、ルートが使われることが最も多い（**譜例2-31**）。これは先に述べたように、サウンドの安定感を維持する上で最も効果的だからである。もちろんアタマが休符だったり、ルート以外の音から始まることもあるが、あくまでも基本はこのようにということ。

譜例2-31

基本その2　メロディを邪魔しない

　自分だけ盛り上がって一生懸命リズム・パターンを作り上げたとしても、それがメロディ、つまりその音楽のメインとなるもの（たとえそれが歌であれ楽器であれ）の邪魔をしていては元も子もない。例えば**譜例2-32**では、矢印の部分でメロディとベースのラインがぶつかっていて邪魔をしている。このように邪魔をすることなく、なおかつ場合によってはよりドラマティックに、あるいはしっとりと、表情を豊かにできるパターンを作り出そう。

譜例2-32

●表情

　さて、ここまで"音決め""リズム決め"と見てきた。ここからがワンランク上を目指すベーシストにとって最も重要なポイントとなる"表情"についてだ。ベース・ラインをただの音の羅列と見るのではなく、"生きた言葉"のように説得力のあるものにするためには"表情をつける"こと（弾き方や音色、他の楽器とのバランス、ダイナミクスなどを考えること）、ただ単にラインを弾くだけでなく、より表情豊かなものにしようとすることが大事になってくる。この点については、次項で細かく見ていくことにしよう。

ベース・ラインに"表情"をつける

　ここまでは、ベース・ライン作りの際に重要な要素として、与えられたコードに対しての音選びやリズムの構築について述べてきた。ここからは、"表情"のつけ方に関して、視点を変えてややメンタルな部分から考えていきたい。というのも、多くのアマチュア・プレイヤーから受ける印象として、フレーズを弾いてはいるもののそのフレーズを表現できていない場合が多いと感じるからだ。これは、フレーズの歌わせ方（ちょっとしたリズム、音価、小技系の使い方）に問題があるのだが、それ以前に"このフレーズをどのように弾くか"という明確なイメージが掴めていないからだとも言える。自分が弾くフレーズのイメージを明確に持ち、"こうなんだよ""でもここはちょっと違ってこのように"と、相手に訴えかける意識を持つことで、同じフレーズでも無限の表情を出せる可能性があることを知ってもらいたい。

●言葉やメロディをベースで弾いてみる

　まずはフレーズを弾く以前の予備練習として、遊びながらできる効果的なトレーニングを紹介しよう。トレーニングといっても、練習フレーズを弾いたりエクササイズをするわけではなく、話し言葉などを何でもベースで弾いてみようというもの。ジャズ・ミュージシャンがふざけてやっているのを目にしたことがあるかもしれないが、実は立派なイメージ・トレーニングになり、自分が出し

第2章　ベース・パターンを知る

たい音を理屈抜きに(感覚的に)弾けるようになるために効果的だ。言葉というものはどんなものでも少なからず抑揚があるので、それをメロディとして捉えてベースで弾いてみればいい。

例えば"お正月"という言葉なら**譜例2-33**のように、あるいは"クリスマス"なら**譜例2-34**といった具合だ。これはあくまでも遊びなので、シビアになる必要はないが、なんとなく他の人にも受け入れられる範疇で弾けるようになりたいもの。間違っても"お正月"を**譜例2-35**のように、あるいは"クリスマス"を**譜例2-36**のように発音する人はいないだろうが……。もちろん、ある曲のメロディを普通にベースで弾くのも有効だ。ただあくまでもイメージ・トレーニングなので、コードを追ったりせずに感覚で弾くようにしよう。

●フレーズを歌う——既存曲を参考に多少デフォルメして

単純に"歌を歌う"のもいい。ベースではなく声に出して歌うのだ。その際、多少自分で大げさに歌うのもいいだろう。"ダイナミクスを意識する"ことで、自然と表情を豊かにつけるクセがつくだろう。

●どの音(部分)を強調するか(盛り上げるか)、抑えるかを意識する

歌にしろ、ベースでフレーズを弾くにしろ、とにかくできるだけ大げさに強弱をつけてみよう。あくまでも練習なので、誰にも遠慮することはない。バカバカしいほど大げさにつけてみること。そうしているうちに、自分が日頃どれだけ無表情で弾いているかがわかるはずだ。それでは伝わるはずのものの半分も伝わらない。自分が思っている以上に大げさに弾かないと、お客さんには伝わらないものである。

●音の長さを意識する
── 休符を歌う（休符で休まない）、1拍の長さを意識する

　これは非常に大事なこと。とにかくほとんどのアマチュアは残念ながら音符が短い。これは"音を切るタイミングがおろそかになっている"からでもある。"発音"のタイミングに神経を注ぐ人は多くても、"切音"のタイミングに注ぐ人が少ないのだ。これでは音符の長さはまちまちになってしまうし、なんといってもリズムが落ち着かなくなってしまう。ゆったりしたテンポだろうが、速いテンポの速弾きだろうが、"1拍の長さ"がしっかりとしていないと元も子もなくなってしまう。

　また、このことは実音に限ったことではなく、休符にも当てはまる。休符を文字通り休んでしまってはベーシスト失格だ。休符は"音が出ていない長さを演奏する"ものと心得よう。休んでしまってはリズムが止まってしまう。実音にしろ休符にしろ"それぞれの音符の持つ長さ"を十分に意識し、その長さを保てるように心がけよう。

●ドライヴさせるかリズミックにいくか

　これは、これから自分が弾こうとしている部分に対して、どのようなイメージを持っているのかということ。言い換えれば、その部分をどのような世界に作り上げたいのかを考えようということだ。当然のことながら、それによってアプローチの仕方も変わってくるだろう。おおまかな例だが、例えばその部分を勢いに乗ってドライヴさせたいなら**譜例2-37**、ガシッとしたタイトなリズムを全面的に見せたいなら**譜例2-38**といった具合だ。この例では、フレーズ自体が異なるのはもちろんだが、休符を含めた音符の長さ、切音タイミングをいかにコントロールするかが重要となっている。ただなんとなく弾くのではなく、このようにイメージを明確に持った上で弾くクセをつけよう。

譜例2-37　　　　　　　　　　　　譜例2-38

●他の楽器の音をよく聴く──プロとアマとの大きな差がここにある

　そして最後に挙げるこの項目。これは本当に千差万別だが、優れたミュージシャンほど、まわりの音をよく聴いている。他のプレイヤーの演奏を聴きながらリアル・タイムで反応し合い、場合によってはフレーズを合わせたり、あるいは"おっ、そっちがそう来るんならこっちはこう行くよ"とやり合ったりするわけだ。また、たとえフレーズの応酬とまではいかないにせよ、他のプレイヤーの強弱の違いを聴き取り、バンド全体のダイナミクスに反映させるなど表情を豊かにすることができる。自分のプレイに一生懸命になるあまり、他のプレイヤーの音が聴こえていないようでは失格。他の楽器の音を聴くことくらいは当たり前と肝に銘じておこう。

第 3 章

知って得する音楽理論
～コードとスケール

音楽理論を知らなくてもベースを弾くことはできる。だが、ちょっとした理論を用いることで、より楽しく、より音楽的に演奏することができるとなれば、知っておいて損はないだろう。ここでは、ベースを演奏する上で役立つコード＆スケールについて解説していく。

"理論"は本当に必要なのか？

　"理論"と聞いただけで、なんとなく煙たく感じてしまう人は案外多いのではないだろうか？　"難しそう""面倒くさそう"と敬遠されがちなこの"理論"、そもそも本当に必要不可欠なものなのだろうか？

　結論から言うと、"必要ない"だ。えっ!?と思うかもしれないが、本来音楽は"何でもあり"なもの。プレイヤーが"どうだい、これってステキだろ？"と自分が良いと思ったものを発信し、聴き手である受信者側が"カッコイイ！""ステキ！"と思えば成立するものなのだ（たとえそれが理論的にデタラメだったとしても！）。"楽しいだろ？"と送ったものが"楽しい！"と、"悲しい感じだろ？"と送ったものが"悲しくて泣けちゃう！"と伝われば、少なくともその両者の間では、音楽の上での意志疎通が成立していることになる。しかし、これはあくまでも極論で、理論を何ひとつ知らずに、しかも多くの人を対象にこのように成立させることは非常に困難であり稀なことである。

　この本の最初の部分で"譜面に記された記号や標語などは道路標識のようなもの。譜面の進行を迷わずに効率良く円滑に進めるための指示"だと書いたが、理論もしかり。自動車を運転する時、車を動かすだけなら、免許証を持たずとも可能だろう。しかし無人島で自分一人だけが運転するならいざ知らず、多くの人の中に混じって運転するとなると話が違ってくる。多くの見知らぬ人たちと交通トラブルを起こさないように、ある程度の専門的な知識や決まりごとが必要になってくるわけだ。それが免許証を取得する際に学ぶ交通規則。音楽にはさすがに免許はないが、理論を知っていた方が多くの人に交じって演奏する時に意思の疎通が図りやすいし、多勢に向けて発信する際、発信したいことを形にしやすくなる。

　例えば、初めて会った人たちと一緒にプレイをする機会があったとしよう。この時渡された譜面がコード・ネームしか書かれていない、いわゆる"コード譜"だったとしたら、"コードとは何か"という知識がないと何も弾けないことになってしまうね。あるいは、難しいコードが並んだ曲で"そこでベースのソロ入れてくれない？"などと急に頼まれた時、その部分に合ったスケールがわかれば問

題ないが、何もわからなければひたすらその難しいコードを追っていくことになり、とてもメロディアスなソロなどは弾くことができない、ということになってしまう。他にも、"その部分のベースはペダルでデクレッシェンドして"とか"ベースはクリシェで降りてね"とか、はたまた"そこはドミナントに行く前にサブドミを入れよう"なんて会話がなされた日には、理論を知らなければチンプンカンプンで、みんなから置いてけぼりになってしまい、大迷惑な存在となってしまうのだ。

　このように、理論を知っていて得をすることはあっても損をすることはないので、これを機会にちょっと積極的に取り組んでみよう。

頻出コード＆スケール

　最初に断っておくが、この項では例えば"ト音記号とヘ音記号の違い"とか"音符の長さは、4分音符＝8分音符×2"というような初歩的な音楽理論についての話は割愛するので悪しからず。

　というわけで、まずは"コード"について触れることにする。ベースを弾く際、見たこともないコードに遭遇したら"何を弾いたらいいかわからない！"と、困ったことになっちゃうでしょ？　コードについての知識を持っているかどうかというのは、"ベースを弾く"という実践上重要なことの中でもかなりのウエイトを占めている部分でもある。

　そもそも"音楽の三大要素"とはどういうものなのか知っているだろうか？　それは、"メロディ""リズム""ハーモニー"だ。この3つの要素が混じり合って1つの"楽曲"を形成することになる。この"ハーモニー"(正確には"ハーモニー"は"和声"といって、複数の音の響きや調和、あるいはそのつながりに関する理論を指す言葉)の主たるものこそが"コード"。ではその"コード"とは……。

■コードの原型・トライアド4種類を把握すべし

　"コード"(和音)とは何か。ひと言で言えば、それは"2つ以上の異なる高さの音を合成したもの"ということになる。つまり2つの音でも"和音"と呼ぶわけだ。

第3章　知って得する音楽理論

ベースでも"ダブル・ストップ"という奏法があるので部分的に和音で弾くこともあるが、音楽理論の分類上は、三和音をコードの原型とし、この三和音を"トライアド"と呼んでいる。トライアドについては第2章で簡単に触れたが、ここではさらに詳しく見ていくことにしよう。なぜならこのトライアドこそが、コードの基本中の基本だからだ。

　トライアドの構成音が"ルート・3度・5度"だということはすでに述べたが、その3つの音同士の音程の違いから、下記の4種類に分けられる。

●メジャー・トライアド（major triad）＝長三和音
●マイナー・トライアド（minor triad）＝短三和音
●オーグメンテッド・トライアド（augmented triad）＝増三和音
　（日本では"オーグメント・トライアド"と呼ぶことも多い）
●ディミニッシュド・トライアド（diminished triad）＝減三和音
　（日本では"ディミニッシュ・トライアド"と呼ぶことも多い）

　これらを比較しやすいように、ルートを"C"に統一してコード・トーンを表したものと、その指板上の位置関係を示すダイアグラムを**譜例3-1**に記した。音の位置関係を把握するのはもちろんだが、できればギターやピアノなどでそのコードの響き（和音）を実際に聴いてみることを勧める。また本書では、以降、コードの呼び方は欧文表記に則していく。

　これらがすべてのコードの基本形であり、さまざまなコードの持つ基本的な"性格"というものはこの4つに分類されることになる。そして、この4種類の形の上にいくつかの音を積み重ねることで、さまざまなコードが成り立っている、というわけだ。

譜例3-1

■トライアドに1音加えて四和音

基本形となるトライアドに、"6度か7度"の音を1音加えて四和音ができる。それには実際にどのようなコードがあるのか、各トライアドに6度と7度を加えて並べたものが**譜例3-2**だ。前項同様、比較しやすいようにルートはすべて"C"に統一してある。

ここで新たに加える第4の音、6度と7度のうち、7度には△7thとm7thが存在するので、「トライアドの4種類×新たに加える3音＝12種類のコード」となりそうなものだが、実際は違う。譜例を見てわかる通り、オーグメンテッド・トライアドに6度の音を加えることはあり得ない（すでに5度が♯しているので、そこに半音違いの6度を加えることはないからだ）。また、dim7で加えた音は6度の"A"の音なので"Cm6(♭5)"と書いてしまいそうだが、実際には"Cdim（あるいはCdim7）"と表記するので間違わないように。この場合"A"の音は"ディミニッシュド7th"(♭♭7th)といって、"6度"とは考えないのだ。

譜例3-2

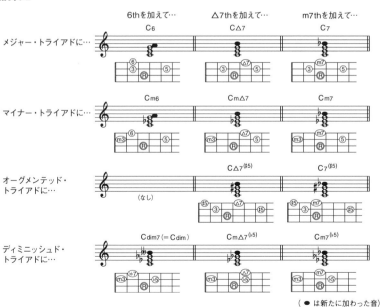

（● は新たに加わった音）

■**ベーシック・コードは6種類**

　コードの分類上、基本的なコードを総称して"ベーシック・コード"というが、一般的には、4種のトライアドと、これらのトライアドに6度か7度を加えてできた四和音のうち通常よく使われるコードを指す。ここでは、"通常よく使われる"とはどのあたりを指すのか、具体的に説明しよう。

　まず、"テンション・ノート"（次の項で解説）や"変化音"を付加しないことが原則なので、メジャーとマイナーの2つのトライアドを含め、以下に示すような四和音が"ベーシック・コード"と呼ばれることになり、次のような6つの種類が考えられる。

- ●メジャー・コード（major chord）：C、C6、C△7
- ●マイナー・コード（minor chord）：Cm、Cm6、Cm△7
- ●ドミナント7thコード（dominant 7th chord）：C7
- ●マイナー7thコード（minor 7th chord）：Cm7
- ●マイナー7th($^{\flat}5$)コード（minor 7th($^{\flat}5$) chord）：Cm7($^{\flat}5$)
- ●ディミニッシュド7thコード（diminished 7th chord）：Cdim7
  　　　　　　　　　　　　　　　　　　　　　　（=Cdim）

　これらはその言葉通り"基本的なコード"なので、使用頻度は非常に高い。したがって、先にも述べたように、できるだけ"和音"としての響きを実際に聴いて耳に馴染ませてもらいたい。特にベースという楽器は単音プレイがメインという特性があるため、和音に対する聴感力は積極的に鍛えることを勧める。後々きっと役に立つはずだ。

　ちなみに、ここで気づいた人もいるだろうが、ベーシック・コードにはオーグメンテッドが含まれていない。さらに、前項の**譜例3-2**に挙げた11のコードの中で"Cm△7($^{\flat}5$)"も含まれていない。つまりこれら3つのコードは"通常よく使われる基本的なコード"ではない、ということだ。ちょっと頭の片隅にでも入れておこう。

■テンション・ノート

　ここまで、基本的なコードとしてトライアドと四和音を見てきた。しかし、実際にはもっと多くのコードが存在するのはご存じの通り。では、それらはどのような仕組みになっているのか見ていくことにする。

　5音以上の構成音で成り立つ和音は、これまで述べてきた四和音に"テンション・ノート"を積み重ねていくことで成り立つ。第2章でも軽く触れたが"テンション・ノート"というのは、ベーシック・コードのコード・トーン以外の音で、それを加えることで、ある種の緊張感を生むような音のことだ。……と、言われても"なんのことやらようわからん"という人も多いと思うので、前述の6種類の四和音と照らし合わせてみて、それぞれどんなテンション・ノートが使われるのか具体的に見ていこう。

- ●メジャー・コード：△7th、9th、＜♯11th＞
- ●マイナー・コード：△7th、9th、11th
- ●ドミナント7thコード：♭9th、9th、♯9th、♭13th、13th、＜♯11th＞
- ●マイナー7thコード：11th、＜9th＞
- ●マイナー7th(♭5)コード：11th、♭13th、＜9th＞
- ●ディミニッシュド7thコード：△7th、9th、11thなどだが、テンション・ノートとは言わず"付加音"（"アッディッド・ノート"＝add.）として表記

　さてここで、メジャー・コードとマイナー・コードに挙げた"△7th"だが、ベーシック・コードの部分でコード・トーンとして取り上げているように、6thの代わりとして分類されテンション・ノートとは呼ばないことも多々あるということを知っておこう。したがって、一般的に言われるテンション・ノートとは、♭9th（フラット・ナインス）、9th（ナインス、ナチュラル・ナインス）、♯9th（シャープ・ナインス）、11th（イレブンス、ナチュラル・イレブンス）、♯11th（シャープ・イレブンス）、♭13th（フラット・サーティンス）、13th（サーティンス、ナチュラル・

サーティンス)、アッディッド・ノートということになる(**譜例3-3**)。

　さらに、上記には含まれていないが"サスペンデッド4th(=サス・フォー=sus4)"というテンション・ノートもある。これは**譜例3-4**に示すように、前のコードの一部から引き継がれた音が、そのコードにおいてはノン・コード・トーンだった場合に使われる手法で、特に4度(4th)で多く使われるものだ。

　ここで注意したいのは、テンション・ノートの具体例として表したものの中で<　>で示したものは限定的な使われ方をするものであり、すべてのコードで使えるものではないということ。また、ディミニッシュドにおいては、すべての構成音が短3度という音程で成り立っており、そのすべての音がルートに成り得るという特殊性から、テンション・ノートを使わずに、付加音(add.)で表記される。つまり、例えば"Cdim"で9thのテンション・ノートを加える場合は、"Cdim(9)"とはせずに、"Cdim(add. D)"とするわけだ(ちょっとややこしいが、これも頭の片隅に入れておこう)。

　ちなみに、1オクターヴというのは"ドレミファソラシド"でわかる通り、8番目の音だ。したがって、テンション・ノートの9th、11th、13thというのは、それぞれ、2nd、4th、6thの1オクターヴ上の音だということに気づいているだろうか(**譜例3-5**)。つまり、おおざっぱに言えば、基本的なコードの形をなす四和音までは1オクターヴの中にそのコード・トーンは収まっており、ルートのオクターヴ上を超した音がテンション・ノートとなるわけだ("sus4"など一部を除く)。また、テンション・ノートは1つのコードに1つだけとは限らず、複数を同時に用いることもある。

　さて、ここまで一般的に用いられるさまざまなコードについて見てきたわけだが、基本的なコードの仕組みがわかってきただろうか。くどいようだが、コードの持つ響きを実際に聴くことを勧める。例えば、メジャー・コードなら明るい感じ、マイナーは暗い感じというように、自分の中でそれぞれが持つ響きに対してある印象が出来上がればしめたものだ。時間のある時にでもやってみてほしい。

譜例3-3

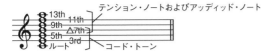

譜例3-4

譜例3-5

■スケールについて

　"よく聞く言葉だけど、そもそも"スケール"って何？"という人もいるかもしれないので、まずは簡単に説明しておこう。スケールとは"オクターヴ内の高さの異なる複数の音を高さの順に並べたもの"で、日本語でいう"音階"のこと。例えば何度も登場している"ドレミファソラシ"も実は代表的なスケールの1つで、"アイオニアン・スケール"（Ionian scale）と呼ばれるものだ。一般的にいうと、いくつか存在するこのようなスケールというものを基盤として、メロディやハーモニーといったものが形成されるというわけだ。

　また、スケールを構成している音を"スケール・ノート"（音階音）と呼ぶが、いくつかあるスケールごとにその数は異なる。例えば"アイオニアン・スケール"の場合、そのスケール・ノートは"ドレミファソラシ"と7音あるので、"7音音階"という種類に属し、この"7音音階"のことを"ダイアトニック・スケール"と呼ぶ。スケール・ノートの数は、5音から12音が一般的とされるが、実はこの7音で構成されたものが最も一般的なものと言える（特に9音〜11音構成のものはほとんど使用されない）。

　ここからは実際にどんなスケールがあるのか、スケール・ノートの数ごとに見ていくことにしよう。

●5音音階：ペンタトニック・スケール（pentatonic scale）

　スケール・ノートが5音で構成されたスケールを"ペンタトニック・スケール"という。あまりにも有名な言葉なので一度は耳にしたことがあるに違いない。"penta-"とは"5つの"という意味だ（アメリカ国防総省"Pentagon"でお馴染みだろう）。

　譜例で示したのは、ペンタトニック・スケールの代表的なもので、どちらも非常によく使われる。特に"ブルー・ノート・ペンタトニック・スケール"は、いわゆる"ブルース・スケール"の原型とされる。ちなみに、"ブルー・ノート"とは、3度、5度、7度をそれぞれ半音下げた音のことで、ブルースを代表とする黒人音楽に使われる特徴的なスケールの1つだ（譜例では5度は半音下げられてはいないが、実際にはこれに半音下げた5度を加えて使うことができる）。実際にベースなどでこのスケールを音を出して聴いてみた時、この"ブルー・ノート"をしっかり感じられるかがポイントだ。ちなみに、各スケールを比較しやすいように、そのスケールの基となる音（主音）を"C"に統一してある（以下同様）。

●6音音階：ホール・トーン・スケール（whole tone scale）

　ペンタトニックのように言えば、"ヘキサトニック・スケール"（hexatonic scale）という名がある（"hexa-"は"6"の意味。"ヘキサゴン"なら聞いたことがあるかも）。しかし一般的に使われる名称は"ホール・トーン・スケール"だろう。"ホール・トーン"とは"全音"のこと。つまり、すべてのスケール・ノートの音程が全音間隔で並んでいるスケール、というわけ（実際に音に出してみると聴いたことがあるかもしれないが、『鉄腕アトム』の主題歌でお馴染みのもの）。他にはない一種独特のものが感じられると思う。

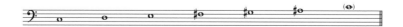

●7音音階：ダイアトニック・スケール（diatonic scale）

　最も多く使われるスケール。"ドレミ……"の順に、主音をドから始めたもの（ドレミ……）、レから始めたもの（レミファ……）、ミから……（ミファソ……）、とすることで下記のような7種類のスケールが存在する（先にも述べた通り、譜例では主音をCに統一してある。また、この7つ以外にも7音音階はあるがここでは割愛する）。このダイアトニック・スケールにはメジャー・スケール（長音階）とマイナー・スケール（短音階）があるが、マイナー・スケールはナチュラル・マイナー・スケールに限定されたものになるため、通常"ダイアトニック・スケール"というと"メジャー・スケール"の意味で使われることが多い。

【アイオニアン・スケール（Ionian scale）】
（＝ダイアトニック・メジャー・スケール）
ドレミファソラシ、という配列。

【ドリアン・スケール（Dorian scale）】
レミファソラシド、という配列。

【フリジアン・スケール（Phrygian scale）】
ミファソラシドレ、という配列。

【リディアン・スケール（Lydian scale）】

ファソラシドレミ、という配列。

【ミクソリディアン・スケール（Mixolydian scale）】

ソラシドレミファ、という配列。

【エオリアン・スケール（Aeolian scale）】
（＝ナチュラル・マイナー・スケール）

ラシドレミファソ、という配列。

【ロクリアン・スケール（Locrian scale）】

シドレミファソラ、という配列。

● 8音音階：ブルース・スケール（blues scale）

　先述の"ペンタトニック・スケール"を発展させたもので、文字通りブルースなどで実際によく用いられるものだ。この2つのスケール・ノートをよく見てみると、上段のものはダイアトニック・スケールのドリアン・スケールにブルー・ノートである減5度を、また、下段のものは同じくエオリアン・スケールに減5度を加えたものとなっているのがわかると思う。このドリアン系のブルース・スケールはメジャー・ブルース・スケール、エオリアン系のものはマイナー・ブルース・スケールとも呼ばれる（他にもミクソリディアン系のものもメジャー・ブルース・スケールとされるが、これは8音音階ではないのでここでは割愛する）。また、この2つのスケールの違いは、このスケールの第7音（点線部分）のみなので、実際に音を出してこの音の違いを把握できるかがポイントだ。

● 12音音階：クロマチック・スケール（chromatic scale）

　このスケールは、先に述べた6音音階のホール・トーン・スケール同様に、すべてのスケール・ノートの音程が半音間隔で並んでいるスケールのことだ。ベースで言えば、1フレットずつの動きなので、ウォームアップのエクササイズなどでお馴染みだろう。譜例を見てもわかるように、スケールとは言うものの、単純に半音を並べたものに過ぎないので、冒頭で述べたようにこのスケールがメロディやハーモニーの基盤となるというものではなく、一部分の経過音的な使われ方が一般的だ。

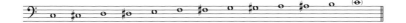

以上、代表的なスケールを見てきたわけだが、ただ譜面上で音の配列を覚えるのではなく、必ずベースなどの楽器で実際に音を出して、その配列がどのように聴こえるのか確認してほしい。また、これらのスケールを、ウォームアップのエクササイズとして利用するのもいいだろう。音を耳に馴染ませることもできて一石二鳥だ。

■ダイアトニック・コードとは

　これまで見てきた"ダイアトニック・スケール"の各スケール・ノート上に、3音構成（トライアド）と4音構成のコードを乗せていくと、7種類のコードが成立する。これが"ダイアトニック・コード"だ。この構成音の違いによって、それぞれ**譜例3-6**のようなものとなっている。ちなみに譜例は、アイオニアン・スケールの順で、ダイアトニック・コードを並べたものだ。また、各コード・ネームとともにローマ数字（Ⅰ、Ⅱ、Ⅲ、Ⅳ、Ⅴ、Ⅵ、Ⅶ）で記したものがあるが、これはダイアトニック・コードがキーによって変わるために用いられる書き方で、通常"度数"で呼ぶものである。

　なぜローマ数字で表示するかというと、例えば、ここでは主音を"C"に統一してあるため、譜例は"キーがCメジャーの場合"のダイアトニック・コードを示しているわけだが、しかし、もし"キーがEメジャー"なら、トニック（スケールの出発点にあたる音）のⅠはEを示し、五度セブンのⅤ7はB7ということになる。このように、ローマ数字はどんなキーであっても使うことができる非常に便利な呼び方なので覚えておくといいだろう。

譜例3-6

■コードに対する嗅覚を磨こう

　ここではまた少し意識改革の話をしよう。ベースは単音でプレイすることが圧倒的に多い楽器であることは否めない。しかし、だからこそ、演奏の幅を広げたいと考えているベーシストなら"和音の持つ響き"に対して敏感である（あろうとする）べきだ。ベースしか触った楽器がなく、それだけをやり続けている人の中には、和音に対する耳がやや鈍感になってしまっている人も見かける。音楽を俯瞰で捉えるためにもコードに慣れ親しんでもらいたい。最初はトライアドから初めて、徐々に四和音、五和音、と増やしていくのもいいだろう。例えば、"□△7"と"□7"の響きの違いがわかる、といった具合にだ。とにかくその構成音を把握し、何度も言うようだが、実際にその響きを耳で感じることが大事である。

コードに対する聴覚を磨く〜耳コピを助ける音楽理論

　ここまでに述べたことなどを知らなくても、楽曲をコピーすることはできる。だがしかし、ある程度の理論的な知識があると、コピーするのもずいぶんラクになることが多い。なぜなら、コードなりスケールなりの知識があれば、"次に来るであろう音"や"その部分で使われるであろう音"の予測がつくからだ。これは耳コピに限ったことではなく、実際のステージ上で誰かがアドリブで演奏している時などにも同様のことが言える。

■音楽理論と耳コピの関係

　演奏の手助けとなる"予測"を可能にするためには、"耳を鍛える"、つまり、"コードに慣れ親しんだ耳を持つ"ことが大事である。本書の冒頭で、"日本を含め世界中には譜面が読めなくても活躍しているミュージシャンは存在するが、それはごく一部のこと"と書いたが、こういう人たちは皆、ずば抜けた"耳"を持っているのだ。

　では実際に、予測のつけ方の例を1つ挙げるとしよう。例えばファンクっぽい曲をコピーしていて、"C7(♯9)"のようなコードが鳴っていたとする。この場合、

もちろんベース的にはルートの"C"が最も用いられる音で、次いでその他のコード・トーンの"E""G""B♭"やテンション・ノートの"D♯"が主に使えそうであることがわかる（**譜例**3-7）。特に7thの"B♭"は使われる可能性大だ。このように予想しながらコピーすれば効率もアップするというもの。耳コピが苦手という人はもちろん、ワンランク上のベーシストを目指すなら、"良い耳"、そして"理論"を武器にしよう。

譜例3-7

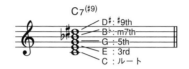

■"王道パターン"や"手クセ"も実は理論的！？

　数多くの王道パターンや、普段何気なく使っている手クセも実は理にかなったものである。いちいち例を挙げていてはスペースがいくらあっても足りないので、3つだけ。

　譜例3-8はR&Bやポップスで頻出するパターンで、Cメジャー・キーの例だ。指板上の指の動きは**図**3-1のようなものになるわけだが、メジャー・キーではこの動きが非常によく使われる。特に、メジャー・キーのトニック・コード（スケールの出発点にあたる音をルートするコード）で有効だ。譜例の矢印部分は6th（ここでは"ラ"）で、Ⅰの代理として使われるⅠ6から来ているものだ。

　譜例3-9はファンクやソウル系でよく見られるもの。スラップで弾くことも多い7thを多用したフレーズだが、手クセの場合も多そう。とにかくこの7thは、オクターヴとともに頻出もので、**図**3-2のような指板上の動きは非常に多い。

　譜例3-10は4ビートやシャッフルなどのブルースでよく見かける動きだ。エンディングなどでこのようなフレーズを耳にしたこともあるだろう。随所でブルー・ノートを用いているのが特徴。特に**図**3-3で示すような動きは、ブルース・スケールでは高頻出だ。

非常に簡単な例ではあるが、これらのように、実に理論的な動きであるにもかかわらず、そのことを自覚せずに当たり前のように"手クセ"で利用しているフレーズは非常に多いと思う。だがしかし、そんなフレーズも実はしっかりとした理論に裏付けられているということを見逃してはならない。

譜例 3-8

譜例 3-9

譜例 3-10

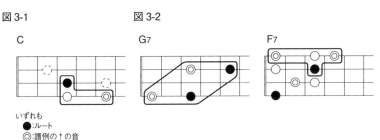

図 3-1　　図 3-2　　図 3-3

いずれも
●：ルート
◎：譜例の↑の音

スケールとコードの関係

「コードとスケールの関係がイマイチよくわからない」という声をよく聞く。例えば"そもそもスケールって1曲に1つしかないもの?"とか……。まず最初に結論を言えば、答えは"NO"だ。つまり、1曲の中にスケールはいくつも存在しうるということ。そもそも曲の"キー(調)"というのは、その中心的な存在である"トニック"を基準に考えられたもので、そのトニックに落ち着こうとするまでにはさまざまな紆余曲折があるわけだ。それを1つのスケールだけで通そうというのは無理な話。それぞれの状況に対応したスケールが必要になるわけだ。

譜例Aを見てみよう。紛れもなくキーがCメジャーの曲で、コード進行は循環の王道であるI–VIm7–IIm7–V7(イチロクニーゴ)となっている。この時、キーがCメジャーの曲だからといって、Cアイオニアン・スケールだけで弾いていてはなんともおかしな感じになってしまう。そのためには、例えば3小節目での対応スケールであるDドリアンを用いるなど、状況に応じた対応が必要になるということだ。

譜例Bはさらに難しくした例だが、例えばジャズのアドリブなどでは、コードの進行自体もアレンジしていくことがあり、( )部分がその例となる。次のコードへ行くための部分的なツー・ファイブ進行となっていて、元のコード進行には指定されていなかったコードが使われている。このような時にも、アドリブをとるプレイヤーがこのコード感を感じさせるようなソロを弾くわけで、そのためにはその場その場に対応したスケールが必要となってくるわけだ。

譜例A

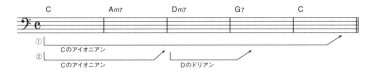

譜例B

第4章

ベース・ラインを作る

ただ何となく弾いているベース・ラインは、単調なものになりがちである。ここからは、コードやスケール、リズム・アレンジなど、バリエーション豊かなライン作りに欠かせない要素を示しながら、さまざまなベース・ラインの作り方をシミュレーションしていく。

ルートからの脱却

ここからは、さらにバリエーション豊かなベース・ラインを作るために必要な要素と、ライン作りの考え方を見ていくことにする。

■なぜベースは"ルート"が基本と言われるのか

ベース・ラインの音選びで最適なのは"ルート"である。これは、基本的にはベースが和音のルートを弾いている時がサウンドが最も安定するからである。

ここで、ベースの弾く音がどれほど大きな影響力を持つか、簡単な例を挙げよう。例えば"ド・ミ・ソ・ラ"という4つの音からなるコードがあって、ベースがその構成音の中の"ド"を弾いていたとする。この時、一般的にこのコードは"C6"と考えられるのだが、ここでベースが"ラ"の音を弾いた場合、とたんにそのコードは"Am7"と呼ばれることになる(譜例4-1)。鳴っている音(コード・トーン)の構成は同じなのに、ベースが選んだ音の違いによって、コード・ネームすら変わってしまうということが起こり得るのである。これはなぜかと言えば、ベースの弾く音が"ルート"であるという前提のもとにコードを考えているから。もしも、アレンジャーとベーシストの両者が意図した上でのことなら何の問題もないが、その認識にズレがある場合にはサウンドがまとまらなくなってしまう。仮に上記の例で、ピアノが低音部(左手)で"ド"の音を弾いていたら、サウンドが濁ってしまうこともあるのだ。ベースが選ぶ(弾く)音は、サウンドにとってそれほど重要なのである。

譜例4-1

■コードから作るベース・ライン

さて、"ベースの基本はルートだ"と述べたが、ルートだけを弾いていたのではあまりにも単調なラインになってしまう。特に初心者からの脱却時期にあるベーシストには、ルート以外の音を使ったプレイが必要となってくるだろう。ルートが基本であることの重要性を十分に理解した上でルート以外の音を用

い、なおかつサウンドの安定感を崩すことのない幅の広いプレイを目指したいものである。そこで次に目をつけるのが"コード・トーン"だ。このことは第2章でも簡単に取り上げたが、ここではもう少し丁寧に、視覚的な方向からも見ていくことにする。

コード・トーンにおいて、ルートの次にまず目をつけるのが"トライアド"(**譜例4-2 A**)だ。復習になるが、このトライアドの持つ3つの構成音の指板上における位置関係を表した図は、これから述べる形の基本になるので、もう一度見直してよく把握しておいてもらいたい。

そして、トライアドの次に目をつけるのは"四和音"。四和音の構成音はトライアドに6度か7度の1音を加えたものとなっているが、このことはトライアドの指板図と見比べてもらえればわかりやすいだろう(**譜例4-2 B**)。

ここで1つ、シミュレーションをしてみようと思う。

初心者の"はじめ君"は難しいコードが苦手。脱初心者を目指しているものの、これまでまったくルート・オンリーのベース・ラインだった。例えば譜面上に"Cm7(9,11)"というコードが出てきても、何だかよくわからないので、**譜例4-3**のようにルートだけを使って弾いていた。ところが少し前に"ルート＋5度"で弾くというパターン（**譜例4-4**）を覚え、それをきっかけにトライアドのことを知り、三和音を使うようになってから（**譜例4-5**）少し未来が明るくなったところだ。

しかし先日、バンドのメンバーから"もっと7thの感じを出して16っぽくしてよ"と言われてしまった。コードの知識がないはじめ君は理論の本を読み、多少コードの仕組みがわかってきたので四和音を使うようになる（**譜例4-6**）。そしてさらに異なった音使いをしたい場合は、テンション・ノートを用いればいいということがわかり、さらに幅広いフレージングができるようになったのだった（**譜例4-7**）。……めでたしめでたし！

このように、トライアドやその他の基本的なコード・トーンでもの足りなくなった場合は、テンション・ノートを用いることになるわけだが、その一般的な、♭9th、9th、♯9th、11th、♯11th、♭13th、13th、というテンション・ノートを指板上に表すと、**図4-1**のようになる。ただし"使うことができる音"という主旨から、本来オクターヴより上に積み重ねられる音も、オクターヴ内に収めて示してある。

最後に、これに今まで見てきたコード・トーンを加えて、指板上の位置関係を示したものを確認しておこう（**図4-2**）。一見してわかる通り、ベーシックな四和音にテンション・ノートを加えることによって、指板上のすべてのポジションが使えることになるのだ。この関係さえ把握しておけば、どんなコードが出てきても使える音のポジションに悩む必要はない。例えば、**譜例4-8**のように"D△7(9,♯11,13)"なんてややこしいコードが出てきても、1つ1つその構成音を考えれば何の問題もない。**図4-2**に従って、構成音をルートとの相対的な位置関係に当てはめれば、使えるポジションもわかるわけだ（**図4-3**）。これらの図が示すように、あるコードのルートと、その他の構成音との相対的な位置関係は、たとえコードが変わっても変わらない。この図をそのまま平行移動すればいいだけなので、ここでしっかりと把握しておこう。

図4-1

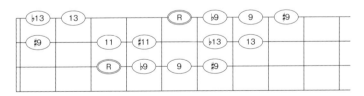

図4-2

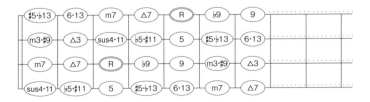

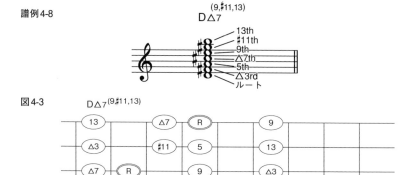

■スケールから作るベース・ライン

　これまでは表示されたコードを見て、そのコードの構成音を考えた上でベース・ラインを作ってきたが、構成音からだけでなく、表示されたコードと対応できるスケールを元にベース・ラインを作ることもできる。

　本来スケールとはメロディの基盤をなすものだが、特定のコードの基盤として捉えることもできる。そのようなスケールを特に"コード・スケール（chord scale）"あるいは"アベイラブル・ノート・スケール（available note scale）"と呼んでいるが、これにはそのコードのコード・トーンはもちろん、そのコードで利用できるテンション・ノートや、逆にそのコード（和音）の中には含むことのできない"アボイド・ノート（avoid note）"が含まれている。ちなみに、アボイド・ノートは、コードからは除外しなければならない音だが、メロディ・ラインなどで装飾的な隣接音（パッシング・ノートなど）としては利用することができる音のことをいう。

　ここでいう"特定のコード"とはどういうものかというと、メジャー、マイナーの各コード（○、○m）、マイナー7thコード（○m7）、マイナー7th(♭5)コード（○m7(♭5)）、ドミナント7thコード（○7）などが挙げられる。ただし、これらにはさまざまな解釈があり、これら特定のコードに対するコード・スケールは、必ずしも1つのコードに対して1つのスケールとは限らない。

　まずは、実際にどのようなコード・スケールがあるのかを見ていくにす

るが、上記のような理由から主なもののみを挙げておくことにする。また、各スケールにおいて、メジャー・キーで用いる場合とマイナー・キーで用いる場合の代表的な対応コードも記しておく。これらを把握した後に、コード譜に対するライン作りのシミュレーションをしてみることにしよう。なお、ここでの譜例も、比較しやすいように基音をCに統一してある。

●メジャー・コードと対応できるスケール
【アイオニアン・スケール】
対応コード例　＊メジャー・キー：Ⅰ、Ⅰ6、Ⅰ△7
　　　　　　　＊マイナー・キー：♭3、♭Ⅲ6、♭Ⅲ△7

　メジャーの場合は主にトニック・コードに対応する。この場合の4度音がアボイド・ノートで、和音の中から除外しなければいけない音だ。ただし、トニック・コードではないが、"サスペンデッド4th(＝サス・フォー＝sus4)"として利用することもある(第3章参照)。ちなみに、5thの前に付いている"P"はパーフェクト(完全＝perfect)から来るもので、特に5度の場合は、増5度(aug5th)や減5度(dim5th)と区別するために、変化していない5度のことをこのように表現するので覚えておこう。

トニック、サブドミナント、ドミナントってどんな関係？

　まず、トニックについて説明しよう。これはキー(調)の基盤となるスケールにおいて、その主音(第1音)のことを指す。例えば"Cアイオニアン・スケール"ならば、そのトニックは"ド"ということになる。そしてトニック・コードとは、このトニックをルートに持つコードのことをいい、楽曲の調性を決定付ける最も安定感のあるものだ。

　例えばキーがCメジャーの曲の場合、その曲のトニック・コード(Ⅰ)は"C"、キーがAマイナーの曲なら"Am"(Ⅰm)となる。同様に、サブドミナント・コード(メジャーではⅣ、マイナーではⅣm)とは、スケールのルート音の4度上に(Cメジャーの場合はF、Aマイナーの場合はDm)、ドミナント・コード(Ⅴ7)は5度上(Cメジャーの場合はG7、Aマイナーの場合はE7またはEm)に構成されるコードを指している。

【リディアン・スケール】

対応コード例　　＊メジャー・キー：Ⅳ、Ⅳ6、Ⅳ△7
　　　　　　　　＊マイナー・キー：♭Ⅵ、♭Ⅵ6、♭Ⅵ△7

　メジャー・キーの場合は主にサブドミナント・コードに対応。テンション・ノートとして♯11thが用いられる場合がある。

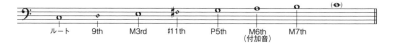

●マイナー・コードと対応できるスケール

【ナチュラル・マイナー・スケール（自然的短音階＝エオリアン・スケール）】

対応コード例　　＊メジャー・キー：Ⅵm7
　　　　　　　　＊マイナー・キー：Ⅰm、Ⅰm6、Ⅰm7

　日本語名は"自然的短音階"、英語名では"ナチュラル・マイナー・スケール"だが、ダイアトニック・スケールの"エオリアン・スケール"とまったく同じもの。ではなぜ2つも（日本語は別としても英語名で2つ、ということ）名前があるのかというと、このスケールが、ダイアトニック・スケールにおいてマイナー・キーでのメロディやコードの基盤となっているからだ。ちなみに、メジャー・キーでは、同じような観点から"アイオニアン・スケール"のことを"ダイアトニック・メジャー・スケール（あるいは単に"メジャー・スケール"）と呼ぶこともあるので覚えておくといいだろう。

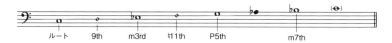

【ハーモニック・マイナー・スケール（和声的短音階）】

対応コード例　　＊メジャー・キー：Ⅵm7
　　　　　　　　＊マイナー・キー：Ⅰm、Ⅰm6、Ⅰm△7

　日本語では"和声的短音階"という。"ナチュラル・マイナー・スケール"の短7度を長7度にしたもので、よりハーモニー（和声）が導きやすいものとなっているためにこのように呼ぶわけだ。

【メロディック・マイナー・スケール（旋律的短音階）】

対応コード例　＊メジャー・キー：Ⅵm7

　　　　　　　＊マイナー・キー：Im、Im6、Im7、Imy7

　日本語では"旋律的短音階"という。"ハーモニック・マイナー・スケール"の短6度を長6度にしたもので、よりメロディアス（旋律的）なものとなっているためにこのように呼ぶ。見てわかる通り、メジャー・スケール（アイオニアン・スケール）とは長3度が短3度になっただけの違いだ。ただし、少々ややこしいが、このスケールは上行形で用いる時のみのもので、これを下行形で用いる場合は、6度・7度がそれぞれ短6度・短7度に戻り、ナチュラル・マイナー・スケールと同型のものとなる。このような上行と下行との違いは、このスケールが、メロディアスなスケール・ノートのつながりを重要視して考えられているために生じるものである。

●マイナー7thコードと対応できるスケール
【ドリアン・スケール】

対応コード例　＊メジャー・キー：Ⅱm、Ⅱm7

　　　　　　　＊マイナー・キー：Ⅳm、Ⅳm6、Ⅳm7

　譜例では6thがアボイド・ノートとなっているが、このスケールの場合、6thと7th（m7th）のどちらか1つが付加音として用いられることがある。このスケールは、マイナー・キーの場合サブドミナント・コードに対応する。

【フリジアン・スケール】

対応コード例　　＊メジャー・キー：Ⅲm7
　　　　　　　　＊マイナー・キー：Ⅱm7、Ⅴm、Ⅴm7

　他のスケールと比べるとやや特殊なスケールで、m2ndというアボイド・ノートを持つ。この特殊性のため、対応するコードは限られる。

【エオリアン・スケール】

ナチュラル・マイナー・スケールの解説を参照のこと。

●マイナー7th(♭5)コードと対応できるスケール

【ロクリアン・スケール】

対応コード例　　＊メジャー・キー：Ⅶm7(♭5)
　　　　　　　　＊マイナー・キー：Ⅱm7(♭5)、Ⅵm7(♭5)

　"♭5th"(減5度)という音を持つスケールのため、対応するコードは限られてくる。

●ドミナント7thコードと対応できるスケール

【ミクソリディアン・スケール】

対応コード例　　＊メジャー・キー：Ⅴ7
　　　　　　　　＊マイナー・キー：Ⅴ7、Ⅴ7、♭Ⅶ7
　　　　　　　　　＊マイナー・スケールの5度上にドミナント・コードという性格を持ったメジャーの7thコード(Ⅴ7)が出てきた場合には、そのコードに対応できるということ。

メジャー・スケール（アイオニアン・スケール）の7度（△7th）が短7度（m7th）に変化したもの。主にメジャー、マイナーの両キーにおけるドミナント・コードに対応する。

【ハーモニック・マイナー・スケールP5thビロウ】

対応コード例　＊マイナー・キー：V7

ハーモニック・マイナー・スケール・パーフェクト・フィフス・ビロウと読む。マイナー・キーにおいて、ドミナント7thコードのルートの完全5度下から始まるハーモニック・マイナー・スケールを、その5度（つまりドミナント7thコードのルート）から並べ直したものだ。主にマイナー・キーにおけるドミナント・コードに対応する。

【メロディック・マイナー・スケールP5thビロウ（ミクソリディアン♭6thスケール）】

対応コード例　＊マイナー・キー：V7

マイナー・キーにおいて、ドミナント7thコードのルートの完全5度下から始まるメロディック・マイナー・スケールを、その5度（つまりドミナント7thコードのルート）から並べ直したものだ。ハーモニック・マイナー・スケールP5thビロウと非常に似ているが、9thに違いが現れる。また、ミクソリディアン・スケールの第6音を半音下げて♭6thとしたものと同型のため、"ミクソリディアン♭6thスケール"とも呼ばれる。主にマイナー・キーにおけるドミナント・コード（正確にはマイナー・コードにドミナント・モーションするドミナント7thコード）に対応する。

【コンビネーション・オブ・ディミニッシュド・スケール】

対応コード例　＊メジャー・キー：V7

　ドミナント7thコードのルートを含んだディミニッシュド・コードと、その半音上（あるいは全音下）のディミニッシュド・コードを合成してできた8音構成のスケール。ちなみに、前者のコードを"アッパー・ディミニッシュド・コード"、後者を"ロウワー・ディミニッシュド・コード"と呼ぶ。譜例でスケールの構成音を見ればわかる通り、アッパー・ディミニッシュド・コードにはルート以外テンション・ノートしか含まれておらず、一方、ロウワー・ディミニッシュド・コードにはドミナント・コードのルート以外のコード・トーンが含まれているのが特徴だ。主にメジャー・キーにおけるドミナント・コードに対応する。

■コード譜を使ってシミュレーションしてみよう

　ここではあるコード譜を提示し、それに対してスケールを使ったベース・ラインを作っていくという例を挙げていく。最初に断っておくが、スケールにはさまざまな解釈の仕方が考えられるので、いろいろなやり方、アプローチが存在するということを念頭に置いておこう。また、一般的にスケールをそのままの順序（音の配置）で弾くことはあまりなく、必ずしもすべてのスケール・ノートを使うわけでもない。ここに挙げたものは無数にあるうちのほんの一例なので、例を参考にしながら自分なりに作ってみてもらいたい。ちなみに、譜例の☆印は、コード・トーンには含まれないがスケール・ノートには含まれている音を表している。

　譜例4-9は、Gのメジャー・キーの例。冒頭のトニック・コードには、ペンタトニック・スケールを用いている（メジャー・スケールのうちの一部分、という解釈もできる）。この小節の第2音"ラ"（☆部分）は、コード譜に指定されたコード

"G"の構成音には含まれないが、スケール・ノートには含まれている音だ。この点にも、コード・トーンからベース・ラインを作る場合と、スケールから作る場合の違いが現れていると言えよう。2小節目のAm7は、メジャー・キーでのIIm7ということなので、前項に示したようにドリアン・スケールが対応していることがわかる。同様に、3小節目のCはこのキーではIVなので、リディアン・スケールが、最後のD7はV7なのでミクソリディアン・スケールが活用できるというわけだ。

譜例4-9

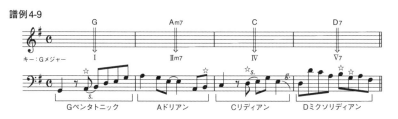

　譜例4-10はFのメジャー・キーの例だ。ここでは冒頭のトニック・コードFに対してアイオニアン・スケールを用いている。**譜例4-9**と同様に、☆印の部分ではコード・トーンには含まれていない音を用いているが、スケール・ノートにある音なので問題はないわけだ。ちなみにこの小節の最後の音"♮B"（PN印部分）は、コード・トーンにもスケール・ノートにも含まれていない音だが、次の小節の第1音へつなぐための"パッシング・ノート（パッシング・トーン、経過音）"なので、この音も問題なく使える。このようにして同様に、2小節目C（ここではV）はミクソリディアン・スケール、3小節目Dm7（VIm7）はエオリアン・スケール、B♭（IV）はリディアン・スケール、4小節目C（V）とC7（V7）はミクソリディアン・スケールを用いている。

譜例4-10

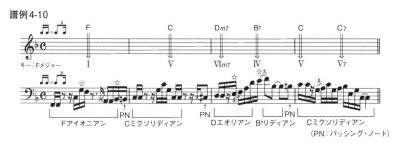

最後はキーがAのマイナーの例。当然のことだが、マイナー・キーなので、トニック・コードはIm（あるいはIm7など）で、キーがAなのでここでのトニック・コードはAm（Am7）ということになる。その冒頭のAm7（Im7）はAのナチュラル・マイナー・スケール（エオリアン・スケール）が対応しているので譜例のようなラインを例に挙げている。続く2小節目のG7はAのマイナー・キーでは♭Ⅶ7ということになるので、前項で説明したようにGのミクソリディアン・スケールが対応している。3小節目は、最初のFはAのマイナー・キーでは♭6なので、リディアン・スケールが対応している。しかし、続くDm7（Ⅳm7）のドリアン・スケールに含まれた音使いなのでこのように（ドリアン・スケールと）表示しているわけで、別々にリディアン・スケール＋ドリアン・スケールと解釈することもできる。最後の4小節目のBm7(♭5)は、ここではⅡm7(♭5)なのでロクリアン・スケールを用いている。

譜例4-11

ちなみに**譜例4-11**でもこれまでと同様に、コード・トーンには含まれていない音でスケール・ノートにあるものが用いられている。蛇足だが、これまで何度も出てきているこの☆印部分の音、つまり"コード・トーンには含まれていないがスケール・ノートには含まれている音"を使うことのメリットが何だかおわかりだろうか？　つまり、コード・トーンだけでベース・ラインを作った場合に比べ、スケール・ノートを用いる場合は、音の配列上の音程差がより少なくなるので、より滑らかに音が流れやすいというわけなんだ。このことがまさしく"よりメロディアスなベース・ラインが作れる"という理由に他ならないのである。もちろん、すべては作る本人のセンス次第なので、"スケールを使った＝（イコール）メロディアスになった"とは言えない……ということはおわかりだろうが。

■ライン作りに欠かせない頻出スケールをチェック

　一般的に使われる代表的なスケールはこれまでに紹介してきたが、ここではその他の使用頻度の高いスケールを改めてピックアップしておこう。これらもうまく利用して、ルートに固執しないメロディアスなベース・ライン作りにチャレンジしてもらいたい。

【ペンタトニック・スケール】

　どの楽器でも高頻出のスケールだが、ベースやギターなどのいわゆる"竿もの"にとっては、その運指ポジションの容易さから非常にオイシイといえるスケールだ。R&Bの名曲「マイ・ガール」のイントロでもそのままズバリ使われているため、一度は耳にしたことがあるかもしれない。ちなみに、このスケールはその構成音が5つの5音音階ということから、コード・スケールとしての意味はそれほど強くなく、メロディなどのラインへの対応が主なものとなる。主にメジャー・キーで利用。

【ブルー・ノート・ペンタトニック・スケール】

　ペンタトニック・スケール同様、ギターやベースなどの竿ものに好まれるだけでなく、多くのジャンルで用いられるスケール。譜例を見てわかる通り、3度と7度が半音下がっているのが特徴だ。しかし、この半音下がった3度は決して"マイナー"を意味するものではなく、特にブルース系などのブラック・ミュージックには欠かすことのできない"ブルー・ノート"になっているわけで、メジャー・キーで使うことのできるスケールだ。

【ブルー・ノート・スケール】

　ブルー・ノートを使った7音音階。実はこのスケールは、メジャー・スケールの"アイオニアン・スケール"における3度・5度・7度をそれぞれ半音下げたもの。"ブルー・ノート"とは、まさしくこれら3度・5度・7度をそれぞれ半音下げたものを指し、メジャー・スケールでブルー・ノートを使うとこのようになるというわけだ。したがって、もちろんメジャー・キーで用いることができる。

　特に使用頻度の高いスケールを見てきたわけだが、ベースでラインを作る場合、基本的には各フレーズの開始音がルートであることが望ましいということもあり、多少制約を感じるかもしれない。スケールよりもコード・トーンでラインを考えるベーシストが多いと言われるのはそのためだろうが、スケールを基にラインを考えることで、よりメロディアスなフレーズを作り上げることができると思う。

■オン・コード（分数コード）──ベース・ラインによるコード（響き）の変化

　ベースがそのコードのルートを弾くというのは最も基本的なことなのだが、アレンジによってはあえてルート以外の音をベースに弾いてもらいたい場面も出てくる。そのような時に用いられる、ベース・ノート（コードの最低音）を指定したコードの表記方法が"オン・コード（分数コード）"だ。

　例えば"C・E・G（ド・ミ・ソ）"というコード・トーンを持つコード"C"の場合、ベースが"C"の音を弾くのが通常の形だが、ここでベースに"E"の音を弾いてもらいたい場合、コード・ネームを"C(onE)"あるいは"$\frac{C}{E}$"と表すわけだ（**譜例4-12**）。このように、"コード・ネーム（on ベース・ノート）"と表記したものを"オン・コード"と、"コード・ネーム／ベース・ノート"という表記を"分数コード"と呼ぶ。ちなみに、この章の冒頭で触れた"C6"と"Am7"との関係の場合（**譜例4-1**）、コードが"C6"の時にベース・ノートを"A"にしたものだったので"C6(onA)"あるいは"$\frac{C6}{A}$"と表記できなくもないが、この場合はそのコードの構成音が"Am7"と

まったく同じなので、よりシンプルで見慣れた"Am7"という表記をする方が一般的で自然である。

　余談だが、ベース・ラインを作る上で、ルート以外の音を使用することはごく一般的なことだが、その度にいちいちオン・コード（あるいは分数コード）表記をしては楽譜が見にくくなるばかりである。ではどのように使い分けるかというと、特にはっきりした基準などはないが、楽曲の中でそのコードが使われる場所のベースが弾く第一音をベース・ノートと捉えることが比較的多いと言える。さらに、ルート以外のベース・ノートの音価（音符の長さ）や占有率（そのコードの中でのベース・ノートの占める割合）で判断される場合もあり、比較的短い音価などでは元のコード・ネームのまま表記されることが多い（**譜例4-13**）。

譜例4-12

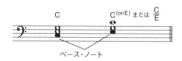

譜例4-13

■経過音——コードの連結

　通常、ベース・ノートは、そのコードを安定させるため、あるいはコード感を出すために選択される場合が多いのだが、異なるコードを滑らかにつなぐためにあえてコード・トーン以外の音を用いる場合がある。このような使われ方をする音のことを"経過音（＝パッシング・ノート、パッシング・トーン）"と呼ぶ。

例えば**譜例4-14**の矢印(↓)部分の音"C#"は、1小節目のコード"C"と2小節目のコード"Dm7"とのどちらのコード・トーンにも属さない音(非和声音という)だが、ここでは2つのコードを滑らかに結びつけるための役割を担った音となっているわけだ。このように、"ベースだからルートやコード・トーンじゃなきゃ……"と縛られることなく、ルート以外、状況によってはコード・トーン以外の音すらも積極的に使ってみてほしい。

譜例4-14

■フィルイン

楽曲が場面展開で切り替わる部分や、ある一定数の小節の区切れ目などで、メロディの空白部分を埋めるために短いフレーズを入れることがある。このようなものを"フィルイン"といって、楽譜上では**譜例4-15**のように"fill in"などと書き、そのフレーズをプレイヤーに任せる場合が比較的多い(もちろんフレーズがしっかりと記譜されている場合もあるが)。通常のベース・ラインとはその目的(存在意義)が多少異なるので、ある意味ではより自由度のあるフレーズを弾くことも可能だ。しかし、ベースだけではなくすべての楽器で行なえるものなので、即興的に入れる時には他の楽器とぶつからないようにまわりの音を注意深く聴く必要がある。このようなフィルインを入れる時には、コード・トーン以外の音を使うこともあるが、基本的には指定されているコード感にのっとって行なうべきである。

譜例4-15

具体的な例をいくつか挙げてみよう。

譜例4-16は、キーが"Cメジャー"の曲で、トニック・コードの"C"へ場面が移り変わる直前のフィルインの例だ。音使いを見てみると、この小節（コードは"G7"）へはルートをシンコペーションして（＝クッて）入り、メジャー3rdを含むコード・トーンをメインに用いたもので、1小節間に渡るフィルインとなっている。

譜例4-16

キーが"Eマイナー"の曲で、トニック・コードの"Em7"へ場面が移り変わる直前の例。ここでの音使いは、7thと10度（＝メジャー3rd）の"ダブル・ストップ"を基本としたもので、途中でスライドを使って一度半音ずらしたりしている。ちなみに、このようなダブル・ストップはわりと頻繁に見られるものなので、ここでしっかりと会得して自分のものにしてしまおう。

譜例4-17

キーが"Gメジャー"の例。場面が移り変わる直前もコードはトニック・コード（ここでは"G"）だが、こういう進行もよく見られるケースだ。ここでのフィルインは2拍で、ペンタトニックを用いた音使いを、ハンマリングとグリスを使って味付けしたものとなっている。

"Fメジャー"のキーの曲で、トニック・コードの"F"に場面が変わる直前の例。ここでのフィルインは、これまでの例と違い、実音のあるフレーズではない。グリス（アップ＆ダウン）のみのフィルインだ。譜面で見るとピンと来ないかもしれないが、マーカス・ミラーが得意とすることでも知られるグリス・フレーズなので、聴いたことがあるかもしれない。

譜例4-19

　譜例4-19のように、フィルインとは必ずしも実音によるフレーズとは限らないものであり、また、その長さも半拍や1拍といった短いものから、1小節や2小節（時にはそれ以上）といった長いものまでさまざまなケースがあるわけだ。また、先述の通り、このような場面の移り変わりのタイミングでは他の楽器もフィルインを入れてくる可能性が大きいため、入れるタイミングやフレージングなどは実際に何度もやっていくうちに磨かれていくものといえる。"ベースのラインを作る"という作業の中で、状況に応じて、楽曲の流れを円滑にするため、あるいは、ダイナミクスや抑揚を付けるために"センスのいい"フィルインをいつでも入れられるようにしたいものだ。

頻出コード進行でのライン作り

　世の中には星の数ほどの楽曲があって、今こうしている間にもまた新たな曲が生まれているわけだけれど、当たり前だが1つとして同じ曲はない。しかし、似たようなコード進行の曲は、実はたくさんあるのだ。そこでここでは、至るところで目(耳)にすることのある頻出コード進行を例に挙げて、そのようなコード進行でどんなベース・ラインが作れるか、シミュレーションしてみることにする。

■ブルース進行

　さまざまなジャンルの音楽のルーツとなっている"ブルース"。その代表的なコード進行は、

I7　→　IV7(I7)　→　I7　→　I7　→
IV7　→　IV7　　　→　I7　→　I7　→
V7　→　IV7　　　→　I7　→　V7

という流れの12小節サイクルのもの。**譜例4-20**、**譜例4-21**はともにこの流れを元にコードを設定した"G"のブルースの例だ。

　まず**譜例4-20**だが、ブルースで非常によく使われるリズムであるシャッフルのオーソドックスな例。譜例を見てわかるように、ハネた8分のルート弾きを基本にしながら、コード・トーンやパッシング・ノート(経過音)を用いてコードの移り変わりをスムーズにしている。なかでも、4小節目、6小節目のフレーズは(特にブルースにおいては)頻出フレーズなので覚えておくといいだろう(もちろんブルース以外でも使えるが)。

　続く**譜例4-21**は同じくハネてはいるが、4ビートを基本にしたランニング・ベースの例だ。余談だが、4ビートのランニング・ベースはベース・ラインを作る上でいい練習になる。1小節で少なくとも4つはなるべく動こうとするので、音の選択やつながりに気を遣ったライン作りをせざるを得ないところがあるからだ。家で練習する時など、積極的に4ビートでラインを作ってみるといいだろう。譜例に話を戻すが、4ビートの場合4分打ちが基本だが、さらにその1拍

111

1拍は3連が元となることが大前提だ。その3連を感じさせるように、ところどころに3連符（中抜き3連が多い）を用いるのが常套手段で、その際譜例のようにゴースト・ノートが多用される……と、ここまでは主にリズムの話。では、音使いはどうなっているかというと、3連ウラを無視して、各拍のアタマだけを追って見ていくと、どのような音使いになっているかがよりわかりやすいと思う。それを見やすくしたものが**譜例4-22**で、これは**譜例4-21**の冒頭2小節の3連ウラを取ったものだ。コード・トーンとパッシング・ノートを用いてコードの連結を滑らかにしているのがよくわかるだろう。特にパッシング・ノートに関しては、**譜例4-21**の各小節の4拍目を見た場合、12小節中9小節までもがパッシング・ノートを用いている。そして、異なるコードへ移る部分に限って見ると、なんと100%の割合でパッシング・ノートを用いていることになる。このように、特に4ビートのブルースの場合、パッシング・ノートを使う割合は非常に高いと言えるので、積極的に取り入れてみよう。

譜例4-20

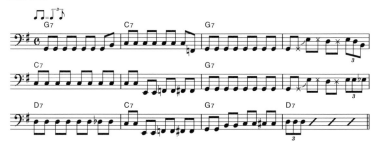

譜例4-21

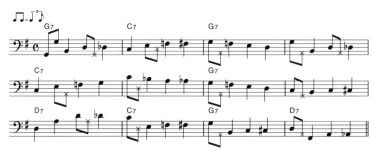

譜例4-22

譜例4-21の冒頭2小節の3連ウラを取ってみると……

■ツー・ファイブ

　さまざまなジャンルの音楽形態の数あるコード進行の中でも、最も広く用いられているのが"ツー・ファイブだろう。正確には"ツー・ファイブ・モーション"あるいは"ツー・ファイブ進行"といって、スケール上の2度上に成り立つコード"Ⅱm7"(マイナー・キーではⅡm7$^{(♭5)}$)から、同じく5度上に成り立つコード"Ⅴ7"への移り変わりのことをいう。なぜこのコード進行がそれほど多く用いられるのかというと、この動きが多くの人に最も自然に感じるとされるからだ。さらに、この"Ⅴ7"からトニック・コードである"Ⅰ"への進行も同様に最も自然とされ、"Ⅰ"へ向かう求心力が強いことから"ルート・モーション(強進行)"といわれるのでついでに覚えておくといいだろう。このようなことから、"Ⅱm7→Ⅴ7→Ⅰ"というコード進行が極めて多用されるわけだ。ちなみに、一般的に言われる"循環コード"の代表的なものが、"Ⅰ→Ⅵm7→Ⅱm7→Ⅴ7"というコード進行を繰り返すもので、これも上記同様に、次のコードへ移りやすく最も自然に流れるコード進行ということになる。

　以上のことをふまえて、ツー・ファイブ・モーションを含んだコード進行をいくつか挙げて、そのような時にどのようなベース・ラインが考えられるのかを見ていくことにする。

　譜例4-23は、キーがCの典型的な循環コード。1拍半のリズム・パターンを基本に、ほとんどトライアドでラインを作っている。1、3小節目の4拍目ウラはパッシング・ノートだ。

譜例4-23

譜例4-24は、譜例4-23とまったく同じコード進行での異なったベース・ラインン。16のノリをより含ませている。1～3小節目に見られるように、コードが変わっても共通のコード・トーンをうまくつなぎ合わせて、一貫性のあるラインを作るというのもバッキングでの常套手段だ。また、スライドやハンマリングを使ってラインに表情をつけている。

　譜例4-25は、キーがGの例。ツー・ファイブ進行があったからといって、必ずしもその後にトニック・コードが来るとは限らない。譜例のように繰り返す場合もある。ちなみに、このラインは、8分のシンコペーションを使った1拍半フレーズだ。

譜例4-24

譜例4-25

　さて、ここまでは非常にわかりやすい例を見てきたが、実際にはそのキーでのツー・ファイブ・モーションだけではなく、途中のさまざまなコードに向かってのツー・ファイブ・モーションが行なわれることが多い。

　譜例4-26では、キーはFだが、2小節目が3小節目のGm7に向けてのツー・ファイブ・モーションになっている。つまり、Gm7をマイナーでのトニック"Ⅰm7"と考え、その直前のAm7(♭5)→D7という流れは、そこに向かっての"Ⅱm7(♭5)→V7"という意味を持つわけだ。そして続く3小節目も同様に、4小節目のFに向けてのツー・ファイブ・モーションとなっている。このように、ツー・フ

ァイブ・モーションが連続して用いられることも非常に多いので、覚えておこう。

最後に、**譜例4-27**は少し長めの例。キーはCだが、この8小節の中にさまざまなツー・ファイブが含まれている。ここでのベース・ラインはシンコペーションを使ったハネた16もので、R&Bテイストを醸し出すためによく見られるリズム・パターンだ。音使いは、コード・トーンの他に、ゴースト・ノートやパッシング・ノートなどを用いることによってラインに表情をつけている。

譜例4-26

譜例4-27

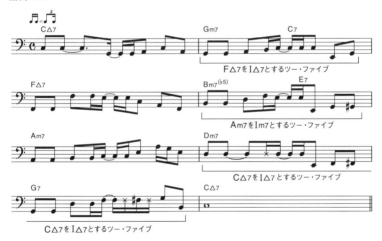

■ ファンク御用達！ ワン・コードからのサブドミ進行

　フュージョンやジャズなどの一部のインスト（インストゥルメンタル。歌のない楽器演奏だけの曲）でも耳にするが、なんといってもファンクで最も馴染みが深いのが、この"一発モノ"、つまり"ワン・コード"だ。延々と1つのコードを

繰り返すことを基本とし、多くの場合ベース・ラインはあるリフをモチーフにして微妙に変化させながらもひたすら我慢し続ける、といったものである。しかし、ワン・コードだけでは"コード進行"とは言えなさそうだし、それ以前にそもそも楽曲として成り立つのか、と思う人も多いだろう。もちろん、最初から最後までワン・コードでは話にならないが、特にファンクでの頻出進行は、ワン・コードからサブドミナントへ移行するものである。つまり、トニック・コードから4度上のサブドミナント・コードへ……という動きで、ベースで言えば、同一フレット内で弦を1本高い方へ移動するということになる。

譜例4-28は、キーがEメジャーの例で、"E7($^{(\sharp9)}$)"というコードをひたすら繰り返しているもの。ちなみに、この"7th系"、なかでも特に"7th($^{(\sharp9)}$)系"は、ファンク系では頻出コードなので覚えておこう。

このようなワン・コード進行の場合、変化をつけるために徐々にフレーズを発展させていく場合が多い。この譜例のように、最初は隙間のある（休符の多い）フレーズから始まって（A）、徐々に音数が増えるなどして盛り上がってはいくもののまだ我慢している（A'）といった感じが一般的だ。そして我慢に我慢を重ねて、ようやく一気に爆発させてサブドミナントへ移行する（B）というのがファンク御用達ワン・コードの常套手段なのである。ちなみに、この手のパターンの場合、サブドミナントにいる時間はそれほど長くはなく、しばらくしたらトニックへ戻ることが多い。

以上、いくつかの頻出コード進行を見てきたわけだが、他にも"クリシェ"といって、同じコードが続いた時の退屈さを避けるための手法で、半音、あるいは全音で滑らかに流れるラインを作るもの（**譜例4-29**、**譜例4-30**）など、さまざまな進行が考えられるので、実際に自分で音を出しながらラインを考えてみよう。

譜例4-28

譜例4-29

譜例4-30

"音"選び以外の部分を意識する

　ベース・ラインを作る時に考えなければいけないのは、音の選択だけではない。選択した音をどのような符割に乗せていくか、つまり"リズム・パターン"の構築も同時に重要である。同じ音使いでもリズム・パターンが変わればその曲の雰囲気もガラリと変わることが多いので、"ただなんとなく"というような惰性で弾くことだけは避けたい。

例えば**譜例4-31**のように、ルートと5度（ここでは4度下）の音使いのフレーズを、同じ音を使って符割だけ変えた例が**譜例4-32**だ。2つの譜例を一見しただけでもその違いはわかるだろうが、実際に音を出して弾いてみるとより明確にその違いが感じられると思う。

　このように、ベース・ラインのリズム・パターンによって、その楽曲の"ノリ"や"スピード感"などが変わってくるので、ベースが作り出すリズム・パターンは非常に重要なものなのだということを再認識してもらいたい。

■リズム・パターンでガラリと変わる──ドラムとのコンビネーション

　では、リズム・パターンはどのように作っていけばいいのだろうか。もちろん、メロディや他の楽器とのアンサンブルを考えて作っていくわけだが、ベースの場合、一般的に最も関係が深いとされるのがドラムである。つまり、ベースとドラムとのコンビネーションによって、その楽曲のリズム・パターンの骨格を作り上げていくことが重要となってくる。例えば、ある楽曲でドラムが**譜例4-33**のようなリズム・パターンを叩く場合を想定して、ベース・ラインを作ってみることにしよう。

●ドラムとリズムを合わせる　……………………………………　譜例4-34

　最も初歩的でありながら、しかも効果があるのがこのやり方だ。ドラムのスネアや、特にバス・ドラム（バスドラ、ベードラとも。正確にはベース・ドラム）にリズムをシンクロさせるというもので、これがピッタリと合い、あたかもバスドラからベースの音が出ているようになればしめたもの。なんの変哲もないシンプルなベース・ラインでも十分説得力のあるものになる。この譜例では、バスドラのリズムとベース・ラインのリズムを完全に一致させている。

●あえてドラムのリズムと合わせない ……………………………… 譜例4-35

前項とは逆に、あえてリズムをズラす、あるいはドラムが入っていないところ（スペース、隙間）でベースを弾くというやり方もある。譜例では小節のアタマのみ合わせてはいるものの、それ以外はドラムのパターンをまるで意識していないかのようなものになっている。しかし実はこの手法は、ドラムのパターンを無視しているのではなく、逆にしっかり意識した上で重ならないようにし、お互いのリズム・パターンが連鎖することでよりビート感を出すというものなのだ。見方によっては前項よりも高度なアプローチとも言えるのだが、下手をすると統一感がなくバラバラな感じがするパターンになってしまう恐れもあるためセンスが必要。

●どちらかのパターンに他方を溶け込ませる ……………………… 譜例4-36

前述の2つのやり方のちょうど中間を行くようなもの。完全にシンクロさせるでもなく、リズム・パターンの中に他方のパターンが混じり込んでいるというものだ。譜例では、ベースの16分ウラウラのリズム・パターンの中に、ドラムのパターンがうまく溶け込んでいるのがわかると思う。この方法の場合、大きな比率でベースがイニシアティブをとることになるので、ベースのパターンがより重要になってくる。

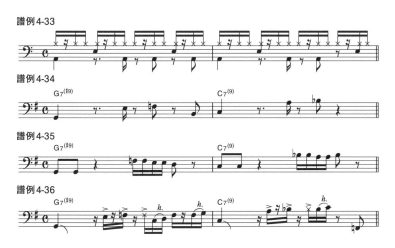

■メロディ、他パートとの連係を考える

　ベース・ラインを作る上で、ドラムとのコンビネーションはもちろん、ギターやキーボードなど他の楽器との連係も考慮すべきなのは言うまでもない。ましてや楽曲で最も重要なメロディを邪魔するようなベース・ラインを作っては、たとえそれ自体がいくらカッコ良くても本末転倒だ。

　例えば先ほども例に出した**譜例4-33**のドラム・パターンの時に、ギターのカッティングが**譜例ア**のようなものだったとしよう。この時、このギターのカッティングを活かして(ベースが邪魔をしないように)**譜例イ**のようにその部分にスペースを確保する考え方もあるし、逆に、ギターのカッティングのリズムにベースも合わせてしまう**譜例ウ**のような考え方も成り立つ。こういった例を踏まえつつ、他の楽器の動きやメロディ、楽曲全体のアレンジなどを考慮したベース・ラインを作っていってほしい。そして、ベース・ラインを決定する要因の中で、もう1つ忘れてはいけないものが次に挙げる"ダイナミクス"だ。

■曲全体の流れへの考え方 ―― ダイナミクス

　ここまでは、曲のある一部分を抜き出した局部的なリズム・パターンを考えるものだったが、楽曲全体を見渡した上でベース・ラインを作り上げていくこ

とも大事だ。ご存じのように、楽曲には一般的に"起承転結"がある。例えば、

＜イントロ→Aメロ→Bメロ→サビ（Cメロ）→（繰り返しやDメロがある場合もある）→エンディング＞

という標準的な流れの中で、静かだったり、盛り上がったり、グッと引き締めたりと、ダイナミクスをつけてさまざまな表情を見せることで、その楽曲をよりドラマチックで説得力のあるものに仕上げようとするわけだ。

　譜例4-37は上記と同じ流れの楽曲という設定だ。譜例に示したように、例えば Intro. では"白玉"で空間を作り、これから何かが始まるという期待感を演出。 A メロはメロディの出だしの部分なのでシンプルで落ち着いた感じに。 B メロで一度グッと引き締めてサビに向かうステップを作り、 C メロ（サビ）では一気に盛り上げる。 End. で熱くなった余韻を引きずるように徐々にクール・ダウンさせるため再び白玉になって終わる……といった具合だ。もちろんこれはほんの一例で、盛り上げるために必ずしも音数が増えるわけではないし、導入部から全開でイケイケの曲もある。そのアプローチは十人十色ならぬ十曲十色だ。ただ、このように、曲全体の流れを考えた上で、ダイナミクスを考えて場面ごとのベース・ラインを作り上げる意識を持つことが重要なのだ。

譜例4-37

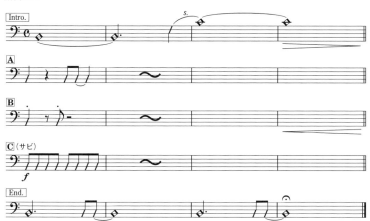

自分らしいフレーズの構築

　ベース・ラインを作る時に、"誰でも弾くような当たり前のラインでは嫌だ""個性的なラインを作りたい"と思う人もいるに違いない。オーソドックスなラインが悪いわけでは決してないが、"自分らしいフレーズ"を作ろうと努力するのは素晴らしいことである。では、個性が感じられるフレーズには、どのようなファクターが関係しているのだろうか。

■タイム感

　人それぞれいろいろなクセがあるように、タイム感も千差万別だ。リズムについての詳細は後述するが、リズムが"重たい人""軽い人""ハシる人""モタる人"など、さまざまなタイプがある。まぁ、ハシったりモタったりするのは良くないが、シャープでタイトなリズムを打ち出す人や、粘っこく重いリズムの人もいて、サウンドによってはものすごくカッコイイ！と感じさせてくれたりするわけだ。一般論を言えば、あくまでもリズムの基本は"ジャスト"であって、ジャストを知った上でリズムを考えられるようになればワンランク上と言えよう。その上で、自分がしっくりくる程度でリズムを操作、あるいは演出することができ、さらにそれが自分の身体に染み込めば立派な個性と言えるだろう。

■音色

　国内外を問わず、その音を一聴しただけですぐに誰が演奏しているかわかるプレイヤーもいる。人間の声（声帯）を1つの楽器と考えればわかりやすいだろう。ある歌を聴いて誰が歌っているかすぐにわかるのも同じことだ。楽器でも、その人らしい音色で、その人らしい歌い方をすれば伝わるもの。ぜひとも"自分らしい音色"を探求しよう。

■フレージング

　自分が好きなフレーズや節回し、フィルなど、得意とするフレーズを持ち、磨きをかけることで生まれるもの。"おおっ！これこれ。このフレーズが出てき

たら、やっぱりコイツだよな〜"など、音色同様、個性を感じさせるファクターの中では比較的わかりやすいものだろう。これは何も難しいフレーズである必要はない。簡単でもいいから、自分のお気に入りのフレーズを持つべし。

セッションの極意 〜 アドリブ＆ソロ

　ミュージシャンが数人集まると必ずといっていいほど始まるのが"セッション"だ。そんな時にアドリブの1つも弾きたいところ。自分の持っている知識やテクニックをその瞬間に凝縮して放出するという意味では、プレイヤーの力量が問われる状況と言える。そんな状況でカッコ良くアドリブを決めるためにはどうすればいいのかを考えてみよう。

　ちなみに"アドリブ"とはラテン語の"ad libitum"(自由に、任意に、という意味)から来た言葉で"即興演奏"のことを表し、"インプロヴィゼイション"ともいう。また、間奏などに使われる"ソロ（solo）"は元はイタリア語で"独唱""独奏"を意味するが、このことも含めて"アドリブ"と呼ぶこともある。これは、間奏などで行なうソロが（特にポピュラー・ミュージックの場合）決められたものではなく、毎回ソリストが自由に弾くことができることから、このように両者の違いが曖昧になっていると思われる。したがって、この項では、アドリブとソロを特別に意味立てて区別をせずに話を進めることにする。

■モチーフ──王道のブルース、ワン・コード

　最も一般的に用いられる方法に"モチーフ"の活用がある。"モチーフ"とは"動機"のことで、あるテーマを構成する小単位のメロディのこと。つまり、アドリブをとる際、何か核となるリフ（＝モチーフ）を決めて、それに枝葉をつけて発展させようという考え方だ。このやり方は、ひたすらメロディを（なんの脈絡もなく）弾き続ける場合に比べるとキャッチーで聴きやすいので、聴く者を引きつけやすいというメリットがある。アドリブをとる時にはぜひとも活用してみよう。

譜例4-38は、Gのブルース進行（リズムはシャッフル）の例。冒頭の［A］と、その後に続く［B］という2つのモチーフから成り立っている。この譜例の場合、たまたま［B］はどれも同じメロディとなっているが、［A］を見てわかる通り、コードに合わせて微妙に変化させたりもする［A（3）］。このように、1つのモチーフをコードやリズムに関連づけて微妙に変化させることで、一貫性を維持しつつもラインを発展させていくことができ、聴き手にやさしくわかりやすいアドリブを作ることができるというわけだ。

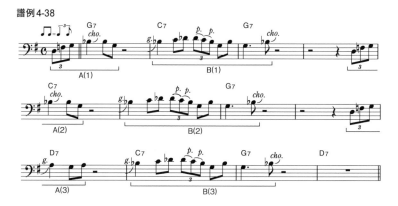

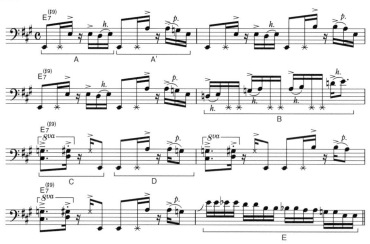

譜例4-39は、スラップによるEの一発モノの例だ。セッションではこのように、いわゆる"一発モノ"と呼ばれる"ワン・コード"の中でアドリブを行なうことが多い。ここでは、冒頭2拍のリフ［A］がモチーフとなっていて、続く［A'］は［A］を若干変化させたものだ。この［A］+［A'］が一組となって小節ごとに進行していくわけだが、後半に入って新たなリフ［C］を使い変化を出している。［D］は［A'］と同じようなもので、それまでの流れと一貫性を持たせているわけだ。ちなみに、4小節目の［B］、および8小節目の［E］はフィルイン的な性格である。

■**ドラム・パターンとの絡み、および他の楽器との関係**

モチーフを考える際、うまく利用したいのがドラムのリズム・パターンである。もちろん、アドリブなのでそのアドリブをとる人（ソリスト）がイニシアティブを握るわけだが、基本的なリフの構築に、他の楽器（特にドラム）のリズム・パターンを有効活用するのも手である。

例えば、ドラムが**譜例4-40**のようなリズム・パターンを叩いている時には、前述の**譜例4-39**のようなアドリブが考えられるし、また、**譜例4-41**のようなリズム・パターンの時には、**譜例4-42**のようなフレーズが考えられる。また、それとは逆に、他の楽器のパターンを避けてお互いに重ならないようにするという方法もある。例えば、**譜例4-42**の場合、ギターのカッティングが**譜例4-43**のような時もあれば、**譜例4-44**というようなパターンもあり得るというわけだ。

このように他の楽器のリズムをよく把握した上で、パターンを合わせるかどうかではなく、そのパターンをアドリブのリフに活用することで、自分のアドリブの表現力をより高めていこう。

■フレーズの発展のさせ方～起承転結～

ここまで挙げた例はどれも基本的なリフやパターンであった。しかし、アドリブの最初から最後までこのまま延々と繰り返していたのでは盛り上がらないし、聴き手にも飽きられてしまう。飽きられてしまわないためにも、アドリブ全体を通して考え、"起承転結"を作るようにしよう。これは一般的な楽曲でも同様の考え方でアレンジされている場合が多く、それをアドリブの中でも取り入れようというものだ。

例えば前述の**譜例4-39**を見た場合、8小節の前半は導入部として"さぁこれから行きますよ～"と聴衆の目（耳）を自分に向けさせ、後半に入ってちょっとひねっているところで終わっている。これは、8小節というアドリブの一部分の抜粋として挙げた例だが、本来はここからが大事なわけだ。ちなみに、アドリブが始まってから終わるまでの経過時間と、その盛り上がり度を表したグラフにこの**譜例4-39**を当てはめてみると、**図4-4**のようになる。一般的には、聴き手としてはもっと盛り上がりたいし、ワクワクさせてほしいところだ。そこで**図4-5**のように、アドリブ全体を通して"起承転結"を考えよう。

・起：物語の導入部。これから始まる期待感を持たせたい。
・承：導入部を受け継いでさらに発展。聴衆をさらに引き込む。
・転：一転して意外性を持たせたり、興奮のるつぼへと誘う。
・結：物語の締めくくり。思わず聴衆から拍手が！

一般的にはこのような流れで作るのが基本だろうが、**図4-6**のような考え方も成り立つ。どのように組み立てるか決まった法則はないが、聴衆を引きつけ楽しませる、ワクワクさせるという気持ちが大事だ。間違っても**図4-7**のように盛り下がるだけというのはナシにしたい。

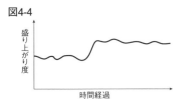
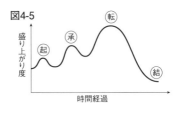
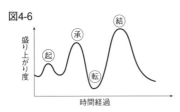
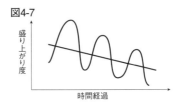

■盛り上げるための要素

　では、盛り上げるためにはどういう要素が必要なのだろうか。他の楽器との絡みもあるのでとてもひと言では言い尽くせないが、一般的には以下の要素が考えられる。

- **音数**：最初は音数を少なめにし、盛り上がるにつれて音数を増やす。
- **符割 (音符の長さ)**：徐々に細かい符割にしてたたみかける。
- **音域**：盛り上がるにつれて高音域に移っていく。
- **強弱 (ダイナミクス)**：言うまでもなく音の強弱。
- **音色、フレージングなど**：後半でディストーションなどのエフェクターを使うのも手。フレージングによっても変わってくる

　これらはどれも、いわばアドリブをとる時の常套手段で、初めのうちは低い音域で音数も少なく、大きめの音符で弱く弾いていて、徐々に盛り上がるにつれて細かい音符で音数を増やし、高音域で弾く。また、時としてディストーションなどエフェクターも利用するといったものだ。自分なりに試行錯誤して体感してみよう。

■ダイナミクスの幅を広く持つべし

　ここでひとつ断っておくが、"盛り上がる"というのは何も大きな音で派手に"ドッカ〜ン！"といくことだけではないので念のため。渋くジワッと決めて盛り上がることもあるし、ささやくように盛り上がる場合だってある。しかしそのためには、例えばジワッと決める以前に、それ以上に弱い部分も必要になってくる。これが"ダイナミクスの幅を広く持とう"ということ。この幅が狭いということは、すなわち、強弱による表現力の幅が狭いことに他ならない。実は楽器を演奏する上で、小さい(弱い)音でしっかりプレイするというのは大変なことで、うまい人ほどこれがしっかりできている。アッパーなベーシストを目指すのであれば、小さい音でのプレイをより意識し、ダイナミクスの幅を広く持つように心がけよう。

第5章

実践的リズム・トレーニング

ベーシストにとって、"リズム"を正確に打ち出し、自在に操ることは、演奏の上で重要なポイントである。ここに紹介する多様なリズム・パターンを知り、あらゆるリズムに対応できるトレーニング法にチャレンジすることで、より柔軟なリズム感を養っていってほしい。

リズムの形を知る

　普段、何気なく使っている"リズム"という言葉。では"リズムって、いったい何?"と聞かれた時に、諸君はきちんと説明ができるだろうか？　リズムの重鎮であるべきベーシストが、これを説明できないようではなんとも情けない。まずは"リズムとは何か"ということから再確認しておこう。

■そもそも"リズム"とは？

　これまで再三述べてきたように、音楽の三大要素は"メロディ""ハーモニー"、そして"リズム"だ。この3つの要素がお互いに絡み合って1つの"音楽"を作り上げるわけだが、その中で、仮にメロディはなくても、ハーモニー（和音、コード）が何らかのリズムに乗って流れていれば、1つの音楽を形成することはできる。あるいはハーモニーがなくても、メロディのみがリズムに乗って流れていれば、それも音楽として成り立つ（楽曲の完成度は別として）。しかし、リズムはなく、メロディとハーモニーだけの場合はどうだろう？　これはもはや"音楽"とは言えないのではないだろうか。いや、それ以前に、"音が流れる"ということ自体、すでにそこに何らかのリズムが存在することになり、リズムのない音楽などはあり得ないと言うことができる。つまり、リズムは、音楽にとってそれほど必要不可欠なファクターだということなんだ。

　もう少し具体的に考えてみよう。普段我々が接することの多いポピュラー・ミュージックにおいて、"リズム"とは何かを言い表すならば、"ある楽曲が進行していく上で生じる、一定の秩序を持ったビートのこと"となる。では"ビート"とは何か？——"ビート"とは、もともとは"beat＝続けざまに打つ"という意味で、日本語で言うなら"拍子（あるいは拍子を取る）"である。つまり、1拍目、2拍目……というように拍が連続して刻まれた小節がいくつも連なることで、一定のテンポ感が生じ、リズムが生まれるというわけだ。これらのことから、"リズム"とは"律動（周期的に繰り返される運動）"であるということができるだろう。余談だが、クラシックなどの指揮者が振る指揮棒のひと振りを"ワン・ビート"ということもある。

次にそのリズムを形成する要素は何かを考えてみると、最も密接に関わってくるのは"音の長さ"だと言える。"音が出るタイミング(発音タイミング)"と"音が切れるタイミング(切音タイミング)"の関係によって"音の長さ"が決まり、その結果、音が聴こえたり聴こえなくなったりすることでリズムを感じるわけだ。また他には、音が強く(大きく)なったり弱く(小さく)なったりする強弱の変化、音の高低や音色の違い、アクセント(音の強弱の一種だが)などの変化によって、リズムは形作られていくと言えるだろう。

■拍子

「この曲は4拍子」とか「ワルツは3拍子」というように、拍子とは"楽曲の時間的な形態"を表す言葉だ。拍子は、あるまとまった拍数で形作られ、"拍子記号"によって示される。楽譜上では、この拍子記号によって小節が区切られ、音符や休符などによって基本的な形が出来上がるわけだ。

拍子記号は、楽譜の冒頭、音部記号と調号に続いて示され、数字の分数表示や一部の記号を用いて記される(**譜例5-1A**)。この分数表示では、分母にある数字がその楽曲における1拍の単位となる音符を表し、分子の数字は、その音符が1小節に入るべき数、つまり拍数を表している。例えば、"$\frac{3}{4}$"の場合は、「4分音符が1小節に3つ入りますよ」「4分音符単位の3拍子ですよ」と、"$\frac{7}{8}$"なら「8分音符が1小節に7つ入りますよ」「8分音符単位の7拍子ですよ」と言っていることになる(**譜例5-1B**)。

譜例5-1

■ノリとしての"ビート"──2ビート、4ビート、8ビート、16ビート

　先ほど"ビートを日本語で言えば拍子だ"と述べたが、通常"ノリ"としてこの言葉を使うことも多いと思う。例えば、"16ビートのロック"とか"8ビートのポップス"といった具合だ。もちろんこれを"16拍子のロック""8拍子のポップス"と置き換えることもできるが、実際に譜面にする場合に、拍子記号の分母を"$\frac{}{16}$"や"$\frac{}{8}$"で記すことはまずあり得ず、通常は"$\frac{4}{4}$"で表すのが一般的である。では、ビートと拍子は異なるものかというと、そうではない。第1章で、譜面のことを"道路標識のようなもの"と述べたが、譜面はできるだけわかりやすく書き表すことが大事なので、一般的なポピュラー・ミュージックでは、簡略化してそのように記しているだけなのだ。

　ここで注意しておきたいのは、楽譜上で8分音符を使うから8ビート、16分音符を使うから16ビートというわけではないということ。ごく簡単に言うと、"ビート"とは、その曲の"ノリ"の基本をなすリズムのことだと思えばいいだろう。例えば、8分音符を使ったフレーズでも、その曲の"ノリ"が16分を基本としたものの場合は16ビートというわけだ。

■代表的なリズム関連用語を知っておこう

●バウンス・ビート

　リズムには"ハネたビート"と"ハネないビート"がある。"ハネたビート"のことを"バウンス・ビート（bounce beat）"といい、**譜例5-2**のように表示する。文字通り、"弾む""跳ねる""バウンドする"という意味で、3連（あるいはそれに近いもの）を基本に音を弾ませて演奏する。元来、黒人系音楽の特徴とされており、古くには"シェイク""ゴーゴー""ニュー・ジャック・スイング"などが、また現在では、ラップなどを含む"ヒップホップ"などがバウンス・ビートの特徴を持ったサウンドと言える。ちなみに、ハネたバウンス・ビートに対し、ハネていない通常のビートを"イーブン（even）なビート"というのでこれも覚えておこう。

譜例5-2

●シャッフル

"シャッフル"もバウンス・ビートの一種だが、シャッフルの場合、8分音符をバウンスさせ、2拍&4拍という、いわゆる"アフター・ビート"にアクセントが置かれるのが特徴。また、1拍を3連符で捉えることが一般的だ（**譜例5-3**）。ただし、すべてのバウンス・ビートについて言えることだが、正確に（数学的に）3等分した3連符では捉えられないリズムも数多くあり、その微妙なハネ具合によってさまざまな表情を生み出すことができる。

譜例5-3

●ハーフ・タイム・シャッフル

シャッフルの特徴は"2&4拍のアクセント"だと述べたが、3拍目にアクセントのくるシャッフルもあり、これを"ハーフ・タイム・シャッフル"という。まずは"ハーフ・タイム"の意味を説明すべきだが、それは第6章の記述（P.157）を参照してもらうとして、ここでは**譜例5-4**（ドラム譜）を見て、通常のシャッフルとハーフ・タイム・シャッフルの違いを感じてもらおう。

この譜例は、どちらも1小節に要する時間は同じだ。したがってどちらも同じ2小節を同じ時間で演奏するわけだが、例えば上段から下段をそのまま続けて演奏したら、下段に入ったとたんに急にテンポが落ちた（遅くなった）ように感じるのではないだろうか。つまりこれが"ハーフ・タイム"ということなのだが、ハーフ・タイム・シャッフルもバウンス・ビートの一種であることには変わりはない。

譜例5-4

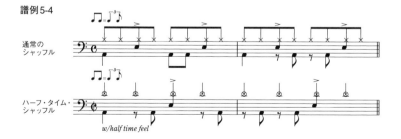

●変拍子

1曲の中に、いろいろな拍子が数小節ごとに現れたりする場合があるが、このような曲の拍子を"変拍子"と呼ぶことがある。**譜例5-5**では、$\frac{4}{4}$から始まって、(同じテンポのまま)次の小節では$\frac{3}{4}$に、さらに3小節目では$\frac{5}{4}$になり、最後には$\frac{6}{4}$になっている。これほどコロコロ変わる曲は少ないにしても、このように拍子が変わることを変拍子と呼ぶわけだ。

さらに、曲中で拍子が変わることがなくても、一般的に馴染みの深い拍子($\frac{4}{4}$や$\frac{3}{4}$、$\frac{2}{4}$など)以外を指していう場合もある(**譜例5-6**)。いずれの場合も、楽曲を進行させるに当たってスムーズな移行が必要不可欠なわけで、拍子の変わり目でいちいちリズムが止まってしまってはベーシストとしては失格だ。どんな時でも拍子の変化にも動じることなく、スムーズな移行ができるように鍛えておこう。

譜例5-5

譜例5-6

●ポリリズム

リズムというのは、1つの楽曲に1つというわけではない。さまざまな楽器が繰り出すリズムが絡み合って、1つの大きなグルーヴを生み出しているのである。通常は、どの楽器も同じようなビートで演奏されるのが一般的だが、なかにはいくつかの異なるリズムが同時に用いられることがある。このようなリズムの形態を"ポリリズム"という。

例えば**譜例5-7**のようなフレーズがポリリズムの例で、$\frac{4}{4}$のビートの中で3拍子のフレーズが繰り返されているのがわかると思う。つまり、本来は**譜例5-8**のように$\frac{3}{4}$の拍子で記譜されるところだが、あえて$\frac{4}{4}$の中で演奏することで、ある種トリッキーな感じを演出することができるというわけだ。

譜例5-7

譜例5-8

基本となるリズム感を鍛える

　ベースに限らず、楽器演奏において"リズム"は非常に重要だ。極端な例かもしれないが、民族音楽などで打楽器だけでも音楽が成り立つことを考えると、リズムは音楽における最大・最重要な要素と言っても過言ではないだろう。

　では、それほど重要な"リズム"をどのように体得していったらいいのだろうか。特にベースの場合は、楽器の役割からみても重要な使命を担っているわけで、ことさらリズムに対しては厳しい目（耳）を持っていたいところだ。というわけで、ここではリズムの基本を押さえた上で、さまざまなリズム・トレーニング方法を紹介していくことにする。

■リズムの基本は"ジャスト"

　非常に当たり前のことだが、ものすご〜く重要なことなので最初に再認識しておいてもらいたいことがある。リズムの基本はあくまでも"ジャスト"だ。リズムに対しては、重い、軽い、前ノリ、後ノリ、ハシる、モタる、たまる（タメ）、粘る、ハネる（弾む）、イーブン、シャープ、タイトなどさまざまな形容詞が使われる。これらは良い意味で使われるものもあれば悪い意味のものもあり、あるいは状況に応じてどちらにも使われる表現もある。しかしながら、どれほど多様なリズムを表現しようとしても、基本となる"ジャスト"がなければ何の意味もなさない。"ジャスト"を基準にして初めて、上記の形容詞に表されるようなリズムが存在するということを、しっかり覚えておこう。

●前ノリ、後ノリ、ハシる、モタる

　前ノリ、後ノリ、ハシる、モタる……これらの言葉は特によく耳にすると思うが、間違った解釈をしていないかな？　図5-1に表したように、前者2つは間隔が一定、すなわち、ジャストに対して発音のタイミングは異なるもののテンポは同じなのに対し、後者2つは間隔（テンポ）自体が異なるために徐々にその差が開いていく。この解釈についてはさまざまな見解があると思うが、違いを簡単に説明すると、この図のようになる。

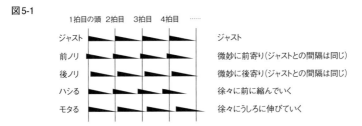

図5-1

■メトロノームを使った練習法

　プロとアマの違いとして"まわりの音をいかによく聴いているか"という点以外に、もう1つ"リズムの違い"を挙げることができる。良いプレイヤーは圧倒的にリズムが良い。このような話題の時に、僕はよく"リズムと音色には到達点がない"と述べているのだが、追求していけばいくほどに奥が深く、"これでいい"というものではないのが難しいところなのだ。

　"リズム"感を鍛練していくにはどのような練習方法が効果的かというと、一番のお薦めは"メトロノーム"だ。「このご時世に何を今さら古くさい」と思うなかれ。確かに、シーケンスやサンプリングのループもの、ドラム・マシンといった機材もあり、多様なリズム・パターンを利用してより楽しく練習することもできる。しかし、そういったもので練習する場合、無意識のうちにそこで鳴っているいろいろな音に助けられ、ラクに弾けてしまう場合が多いのだ。それに気づかずに「練習の甲斐あってうまくなってきたぞ！」なんて思ったら大間違い！　実はたいして変わっていなかったりする。それに比べ、メトロノームを使った練習の場合は、単純に1つの音が等間隔に鳴っているだけなので、鳴っ

ている音から次の音までのスパンの中でリズムを維持しなければならないというシビアな状況下におかれるわけだ（図5-2）。これが実は非常に有効で、メトロノームで鍛え上げられたリズム感は、より精度の高いものとなる。

　メトロノームを使って練習する際、最も一般的なのは図5-2のようにメトロノームを4分音符で鳴らす（捉える）ものだが、それ以外にもさまざまな使い道がある。自分が弾きたいフレーズに対して8分ウラで鳴らしたり（図5-3）、16分ずらして鳴らしたり（図5-4a、b）というのも効果的だ。さらにシャッフルなど3連系の練習として、同様に、オモテのみで鳴らす以外に、3連の8分音符1つ分ずらして鳴らすやり方もある（図5-5a、b）。これらの練習方法は、リズムを鍛えるためには欠かすことのできない"ウラ感覚"を養うためにも効果的と言えよう。

　さらにシビアな方法として、（テンポにもよるが）2分音符や全音符を鳴らすという方法も考えられる。メトロノームの音が鳴るスパンが長くなればなるほど、どんどん難しくなっていくのでぜひ挑戦してみよう。

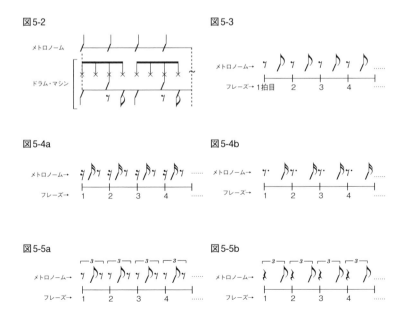

ビート感を養う練習フレーズ

　ここでは、さまざまなビートにおける基本的な練習パターンを紹介しよう。ちなみに、すべての譜例において、メトロノームは4分のオモテで鳴らすこととするため各譜例には記していない。また、リズム・トレーニングという観点から、ここでの練習フレーズはリズム・パターンのみを示してある。ずっと同じ音でも構わないが、音の選択は各自で工夫してみよう（同じ音の方が、バラツキや微妙な違いがわかりやすいというメリットもある）。さらに、テンポによる影響も大きいので、遅いテンポから速いテンポまで、いろいろなテンポで練習しよう。ちなみに、このようなトレーニングをする場合、ただなんとなくメトロノームに合わせて弾くのでは意味がない。神経を集中させ、自分の出している音が出てくる瞬間と、メトロノームが鳴る瞬間の微妙なズレを感じ取ろうとすることが必要不可欠。リズム感を鍛えることと耳を鍛えることは切り離せないものなのだ。

■8ビート

譜例5-9 ……… 8分をとにかくひたすら均一に弾き続ける。音を均一に弾き続けることがどれほど難しいか……。基本を怠ってはならないのだ。

譜例5-10 …… オモテにアクセントをつける。リズムはあくまでも均等だ。

譜例5-11 …… 同様にウラにアクセントをつける。音符が伸び縮みしないように。

譜例5-12 …… 8分のウラだけを弾く。休符だって（音が出ていないだけで）しっかりと長さがあるのだ。

■16ビート

譜例5-13 …… 16分音符の連打。オモテにアクセントをつけよう。ちなみに、アクセント抜きで均一なパターンもやるべし。

譜例5-14 …… 各拍の16分第2音にアクセントをつけよう。リズムがヨレないように。

譜例5-15 …… 各拍の16分第3音にアクセントをつけよう。これは8分ウラにアクセントがあるのと同じことだ。

譜例5-16 …… 各拍の16分第4音にアクセントをつけよう。

譜例5-17 …… 各拍の16分第2音のみを弾く。16分休符と8分休符もそれぞれの長さを感じよう。

譜例5-18 …… 各拍の16分第4音のみを弾く。付点8分休符の長さが大事である。

譜例5-19 …… 付点8分＋16分というリズム・パターン。高頻出のパターンなのでしっかりとモノにしておきたい。

譜例5-20 …… $\frac{3}{4}$（4分の3）拍フレーズ。俗に"1拍半フレーズ"と言ったりもする。拍をまたがってリズムがつながるので、しっかりとしたリズム・キープが必要だ。

譜例5-13

譜例5-14

譜例5-15

譜例5-16

譜例5-17

譜例5-18

譜例5-19

譜例5-20

■シャッフル

譜例5-21 ……シャッフルは3連が基本。4分打ちから3連の8分打ちにスムーズに移行しよう。

譜例5-22 ……4分と8分が交互に出てくるもの。8分がしっかりと3連で捉えられているか、各拍のアタマが均一な位置にきているかがポイント。

譜例5-23 ……シャッフル・ビートの基本的なパターン。体の中で3連を感じよう。

譜例5-24 ……シャッフルの基本となる3連。いかに均一に弾けるかがポイントだ。

譜例5-25 ……いわゆる"中抜き3連"。休符はしっかりと取ろう。**譜例5-23**、**譜例5-24**と交互に弾くのも効果的だ。

譜例5-26 ……**譜例5-25**の逆のパターンで、3連の真ん中の8分のみを弾くもの。アタマの休符が詰まらないように注意。

譜例5-27 ……各拍の3連第3音のみを弾くもの。休符を含めて均一な3連の刻みを感じていることが必要だ。

譜例5-28 ……3連の8分ずつを連結させたもの。これを"2拍3連"といい、一般的には、**譜例5-29**のように記す。**譜例5-20**と非常に似ているので、その違いをはっきりと把握しておこう。

譜例5-28

譜例5-29

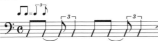

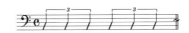

■バウンス・ビート

譜例5-30 ……イーブン（ハネていない状態）なら“タン・タカ”というところを、しっかりとハネを感じて“タン・ターカ”と弾けるかどうかだ。16分の連打がイーブンで“チキチキ”というところを“チッキチッキ”と感じられることが前提。

譜例5-31 ……シンプルながらも奥の深いパターン。16分2つが“ダダ”ではなく“ダーダ”とならなければいけない。

譜例5-32 ……**譜例5-30**、**31**が弾ければ問題ないだろう。それぞれがちゃんと弾むように。

譜例5-33 ……実は16分のハネの中身は6連だ。各拍を“タカタタカタ”と刻むことが基本。1拍を均一に6連で刻む練習をしよう。その後に、再度**譜例5-30**からトライしてみよう。

※16のハネ（3連符、6連符）をしっかり感じてキープできているか、イーブンとの違いが明確にわかっているかということが重要だ。そのことを特に意識しながらトレーニングを行なってほしい。

譜例5-30

譜例5-31

譜例5-32

譜例5-33

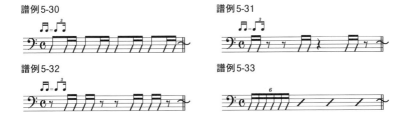

■曲の途中でのスムーズなビート変換

アマチュアの演奏でよく見られるのが、ビートが変わった瞬間にリズムが乱れるという現象。1つのビートの中では演奏できていても、ビートの変化に瞬

時に対応できていないというわけだ。これはそれぞれのビートをしっかり把握した上で、経験値を積むしかない。つまり"慣れ"だ。慣れる＝練習あるのみということで、以下に練習フレーズを紹介しておこう。前項と同様、メトロノームは4分のオモテで鳴らし、遅いテンポから速いテンポまで、いろいろなテンポで練習しよう。もちろん、自分の音とメトロノームの音を注意深く聴くことも大前提だ。

　譜例5-34は、前項に出てきたビートをすべて網羅し連続させたリズム・トレーニングである。途中7小節目に出てくるハネた16分（6連）が弾ける程度のゆっくりしたテンポから始めてみよう。それぞれの小節に移り変わる瞬間と、移り変わった直後にしっかりと次のリズムが捉えられているか、リズムがヨレないか、テンポがキープできているかがポイントだ。最後までいったらリピートして延々繰り返そう。さまざまなテンポで練習すること、また特に自分の不得意と感じるテンポで行なうことが非常に効果的なのでお勧めする。慣れてきたら、ところどころ途中の小節をカットして、違うビートに移る練習もやってみよう。

譜例5-34

ウラ感覚を養う ～ シンコペーション

　多種多様なリズム・パターンの中でも正確で安定したリズムをキープすること、これはベーシストにとってある意味では理想の姿と言えるのではないだろうか。さらに言えば、安定したリズムをキープするだけにとどまらず、そのリズム感を主張し、さまざまなリズム・パターンをグルーヴィに演出することで、サウンド全体をグイグイと牽引していくことができるとしたら、これはもうベーシスト冥利に尽きるというものだろう。そんな"キープ"と"グルーヴィ

な味付け"のどちらにも有効なものがあるわけないと諦めてはいけない。実はあるのだ——それが"ウラ感覚"。リズムの話になると頻繁に登場する言葉でもある"ウラ"の感覚とは？

■オモテがあってこそのウラ

"ウラ"というからには、当然"オモテ"があるわけで、ウラ感覚の鍛えられた理想的なベーシストになるためには、まずはしっかりとした"オモテ"に対する認識がなければ話が始まらない。

まずは**譜例5-35**を見てもらおう。小節と拍の関係を表した譜例だが、$\frac{4}{4}$拍子の場合、一般的に1つの小節内では1拍＆3拍（＝オモテ側）を"強拍"（なかでも特に1拍）、2拍＆4拍（＝ウラ側）を"弱拍"と位置づけている（**譜例5-35**の1小節目）。また、各拍に関しても同様に、オモテ側が強拍、ウラ側が弱拍となっている（**譜例5-35**の2小節目）。これは人間が何も意識することなくリズムをとった場合、自然とオモテ側の方が強く感じてしまう傾向にあるからで、それによってオモテとウラの差が生じるわけである。こういったことから、リズム感をまんべんなく強化するためには、ウラを意識した"ウラ感覚"を磨き上げることが必要となってくる。ちなみに、弱拍のことを"アフター・ビート"といい、さらに各拍のオモテ側を"ダウン・ビート"、ウラ側を"アップ・ビート"ともいうので覚えておこう。

譜例5-35

●シンコペーション

ウラ感覚をどのように活用すればいいのか、あるいは、どうすればウラを意識したフレージングができるのか——その最も効果的なものが"シンコペーション"である。

"シンコペーション"（略して"シンコペ"ともいう）とは何かというと、"ウラを強調したリズム"ということに他ならない。小節単位でのウラ（4分の4拍子の

場合の2拍および4拍)、あるいは各拍のウラを強調したリズムで、**譜例5-36**のように、ウラの部分でアクセントをつけたり、次の音をタイで結びつけたりする。通常、弱拍となる部分を強調することで、意外感、緊張感が与えられるわけだ。

また、このシンコペーションを取り入れることで、実にさまざまなリズム・パターンを作ることができる。**譜例5-37**のように8分で用いたり、**譜例5-38**のように16分で用いたりと符割に関わらず活用できるのはもちろん、1つの小節内だけで行なう場合もあれば(**譜例5-37**)、小節をまたいで行なう場合もあるなど(**譜例5-36**、**38**)、そのバリエーションには限りがない。ウラ感覚を養ってシンコペーションを使いこなすことによって、リズム・バリエーションは格段に広がると言えるので、ぜひとも"ウラ・コンシャス"なベーシストになってもらいたい。

ちなみに、シンコペーションが"ウラを強調したリズム"の取り方だとわかったところで、アフター・ビートを強調した代表的なリズム・パターンを紹介しておこう。それは、ニューオーリンズを中心とする米南部のR&Bに見られる独特なリズム・パターンである"セカンド・ライン"だ。もともとは、ニューオーリンズの黒人の葬儀の際に用いられたマーチング・リズムで、ハネたリズムと強力なアフター・ビート(2ビート)が特徴である(**譜例5-39**)。

リズムを自在に操る

ここからは、リズムをより自在に操るために意識すべき事柄やバンドでのトレーニング法などについて取り上げていこう。

■音の長さでリズムを出す──切音タイミングを意識する

リズムについて意識すると、どうしても音を出す瞬間、すなわち"発音"のタイミングにばかり気を取られがちだが、発音同様に、いや、ある意味それ以上に重要なのが"音を切る"タイミング、すなわち"切音"のタイミングだ。これまでプロとアマチュアの違いには何度か言及してきたが、実は"リズムの違い"にこの点も含まれる。

なぜ"切音"タイミングが重要なのか。それは、音を切るタイミングによって音符の長さが決まるからである。わかりやすい例を挙げよう。図5-6はA君とB君の2人に同じテンポで4分音符を弾かせた時の音の違いを表した図だ。A君は4分音符を目一杯伸ばして十分にその長さを保って弾いた。すなわち4音符のテヌートだ。一方B君は、発音のタイミングはA君と同じものの、切音のタイミングはもっと早く、ちょうどA君の半分の長さで切っている。すなわち8分音符の長さしか音を出していないことになるわけだ。同じ4分音符を弾いたつもりが、切音タイミングの違いによって異なる音符になってしまったという例だ。ちなみにこのB君の場合、切音タイミングが一定で整然としているためそれなりの表現力はあるが、これがもしバラバラなタイミングで切っていたら、8分音符だったり付点8分音符だったりして、安定したリズムからはほど遠くなってしまう。これが"ある意味で発音タイミング以上に切音が重要"という意味なのだ。"もっとうまくなりたい"と思っているなら、切音に細心の注意を払おう。

図5-6

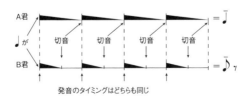

では、ここで切音タイミングを意識した練習パターンを挙げておこう。

譜例5-40は、4分のテヌートとスタッカート、8分のテヌートとスタッカートという組み合わせを延々と繰り返すもの。ちなみに"スタッカート"とは、音符の約半分の長さにして音を切ることだ。したがって、譜例2小節目の4分音符のスタッカートは、3小節目の8分音符のテヌートと等しいということになる。

譜例5-41は、8分の連打の中にテヌートとスタッカートが混在したパターンだ。それぞれの長さの違いを瞬時に音に反映させたい。次の**譜例5-42**はシャッフルの8分の例。3連8分2つ分（＝3連4分音符）と8分1つ分との違いを正確に把握した上で、常に3連の刻みを感じていなければいけない。ちなみに2小節目は**譜例5-25**（P.140）と同じ3連中抜きのパターンとなる。

●切音タイミングとグルーヴ

"グルーヴ"とはよく使われる言葉だが、非常に抽象的、かつ曖昧な表現である。ものすごく簡単に言ってしまえば"ノリ"のことだが、それだけでは言い足りないニュアンスを含んでいる。**図5-7**のように、真円ではなく楕円形のリズムの回転がよりグルーヴを感じさせると言えるが、楕円形のリズムを生むためには、音価の調節が必要不可欠（ダイナミクスもその要因となりうるが）。すなわち、グルーヴ感のあるリズムを生み出すためには、切音タイミングを意識したプレイが欠かせないということである。

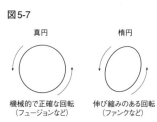

図5-7

■**自分のタイム感を作る──ドラムとの関わり方**

　これは意識改革の話。ベースとドラムのコンビは"リズム隊"と言われるように、バンドにとってリズムの要となるポジションにいるわけだ。そういった意味からもベースはドラムをよく聴き、特にバスドラとシンクロさせたりするわけだが、ここで疑問に思うことはないだろうか──ドラムに合わせてばかりでは、結局のところドラムのリズムで演奏していることになるのではないのか？　自分のリズムはどこへ行ってしまうのか？　どうすれば自分のタイム感をプレイに反映させることができるのか？──と。その疑問を解消するための答えは"ドラムのリズムの中で遊ぶ"ということ。

　ドラムのスネア、特にバスドラにリズムをシンクロさせ、あたかもバスドラからベースの音が出ているようになれば、なんの変哲もないシンプルなベース・ラインでも十分説得力のあるものになる。これはその通りなのだが、さらにワンランク上を目指すならば、スネアから次のスネアまでのスパンで遊んでみよう（**図**5-8）。ここでいう"遊び"とは、リズムを重くしたり軽くしたりという"リズムの揺らぎ"のようなもののことだ。

　図5-9を使って説明しよう。上段がドラムと共にジャストなノリをキープしている例だ。ジャストなノリの場合、1＆3拍目のバスドラと、2＆4拍目のスネアそれぞれの音が出る瞬間と、ベースの発音タイミングがピッタリと合っていることになる。これに比べて重いノリの例が中段だ。この場合、2＆4拍のベースの発音タイミングがジャストなスネアよりもほんのわずか遅め（重め）になっている。ちなみに、バスドラとの位置関係はジャストになっているわけだが、これも重めな位置に来

図5-8

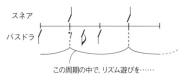

この周期の中で、リズム遊びを……

図5-9

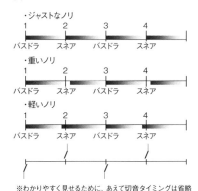

※わかりやすく見せるために、あえて切音タイミングは省略

てしまうと、重すぎたり、あるいはただうしろにズレているだけということになりかねない。同様に軽いノリの場合を見てみると、2＆4拍のベースの発音タイミングがジャストなスネアよりもほんのわずか早め（軽め）になっている。

　イメージを伝えるために、あえて（やや乱暴な表現ではあるが）このように説明をしてみたわけだが、実際はこれだけで重い、軽いというノリを表現することはできないし、切音のタイミングも当然切り離すことのできない大事なファクターとなる。また、"スネアよりもほんのわずか重め（軽め）"といっても、実際にズレて聴こえるほどの差はないので、誤解しないように。これらのことは一歩間違えればただの"リズムの悪い人"になってしまうので、ジャストなタイミングを確実に把握した上で、このような音符の長さ（発音や切音のタイミング）を操作する"遊び"にもチャレンジしてほしい。

　ちなみに、ドラムの何を聴くかによって、筆者の独断と偏見でベーシストを無理矢理ランク分けするならば、
・バスドラ→初級者
・ハイハット→中級者
・スネア→上級者
となる。最初はバスドラからベースの音が出るように合わせることに注意を払い、次にハイハットで細かいリズムを感じながらその間のリズムをキープし、最後にスネアからスネアまでの間で遊べるようになるというものだ。このような点からドラムのリズムを聴くわけだが、スネアを意識するからといって、決して他を無視するというわけではないので念のため。

■ベースを使わないトレーニング

　日常生活において、四六時中24時間ベースに触れていられればいいのだが、現実はそうはいかない。そこで、ベースを持っていない時でもできるリズム・トレーニングを紹介しよう。

その1：無音状態でもリズムをキープ

　CDやMDなどで音楽を聴いている時に、その曲のテンポでリズムをとりな

がら、曲の途中でボリュームをゼロにする（CDを止めてはいけない）。その間もリズムをキープしたままで、ボリュームを元に戻すというもの。正しくテンポがキープできていれば、ボリュームを戻した時にもリズムはピッタリ合うはずだ。

　余談だが、こんな逸話がある。かの有名なバンド"スタッフ"のリーダーでベーシストのゴードン・エドワーズが、車の運転中にラジオを聴きながらトンネルに入った。その曲のリズムをとっていた彼は、トンネルから出てきて再びラジオが流れてきた時に、曲と自分のリズムがズレていたことを"この曲のリズムは悪い"と言ったという。それほどまでに自分のリズムに絶対的な自信があったということか。

その2：スネアの音に合わせて"叩く"

　CDなどで音楽を聴いている時に、スネアに合わせて机など（膝でもなんでもよい）を叩くというシンプルなもの。意外と合わないかも。ちなみに、ピッタリ合った時は音が1つになってスネアの音が聴こえにくくなるはずだ（はっきり聴こえている時はズレている証拠）。

その3：異なるビートでリズムをとる

　CDなどで音楽を聴いている時に、あえてその音楽とは異なるビートでリズムをとるというもの。つまり、その音楽をメトロノーム代わりにして、口ずさんでリズム・トレーニングをするものだ。

　他にも工夫次第で、ベースを持たなくてもリズム・トレーニングはできる。各自で工夫してみよう。

■バンドでリズム・トレーニング

　最後にバンド全体でのリズム・トレーニングについて触れておこう。最も効果的なのは、1つのリズムを延々と（何時間でも！）繰り返すというもの。特にファンク系などでは、一発モノを何時間でも続けて演奏することがあるが、こうすることで、いいグルーヴが生まれてきたりもする。この時、お互いの音を

注意深く聴くべきであることは言うまでもない。延々と続けているうちに、自分のリズムが他の楽器に対してどういう位置にいるか、あるいは、他のプレイヤーがどういうリズム感を持っているのかということがよりはっきりと見えてくるので、特にバンドにとっては有意義だろう。

　この他にも、バンド全員でメトロノームに合わせて手を叩くという方法もある。これも先ほど同様、全員がジャストのタイミングで叩けた時は音が1つになる。もちろん、この章で紹介したリズム・トレーニングの譜例をそのままバンドでやってもOKだ。

第6章

スピード・コントロール

"テンポが速くなると弾けない" "スローな曲は苦手" など、多かれ少なかれ不得手な（弾きにくい）テンポというものはあるだろう。ここでは各自の問題点を見つめ、テンポ・アップorダウンに左右されない、安定したリズムを打ち出すためのコツを探っていく。

"速い""遅い"が苦手な理由

　どんな楽器を演奏する場合でも、得意な（弾きやすい）テンポ、不得手な（弾きにくい）テンポというものが多かれ少なかれあるだろう。理想を言えば、どのようなテンポでも同じように弾きこなせればよいのだが、なかなかそうもいかないようだ。しかし、優れたミュージシャンになればなるほど、適応できるテンポの幅が広がっていくと言える。
　どんなテンポにも対応できれば、それだけ表現力の幅が広がる可能性がある。本書に限らず、さまざまな教則本や練習本で"いろいろなテンポで弾いてみよう"というのは、そういうことをふまえてのことなのだ。ここでは不得手なテンポの持ち主が"スピード音痴"を克服し、自らコントロールできるようになるためのヒントを探っていくことにする。

■なぜ速いテンポだと弾けないの？

　一般的に、誰でも一度はぶつかる壁が"速いと弾けない"ということだろう。では、そもそもなぜ、速いテンポだと弾きにくいと感じるのだろうか？　その要因には、右手や左手が追いつかないといったフィジカルなものや、音を聴き取れない、演奏の途中でフレーズが頭の中でこんがらがってしまう……といった感覚的なものなどが考えられる。結論から言えば、フィジカルなものはトレーニングによってひたすら鍛え、"慣れ"と肉体的なキャパシティを高めるしかない。感覚的なものに関しても、同様にトレーニングを何度も繰り返して徐々にその対応能力を高めていくしかないわけだが、そのひと言で片付けてしまっては仕方がない。もう少し具体的に問題点を見つめることで、より早く壁を越えるためのコツを探っていくことにしよう。

原因その1・右手や左手が追いつかない
　"どういうフレーズなのか""次に何を弾くのか"がわかっていれば、身体も追いつきやすい。まずは、これから弾こうとしているフレーズを"確実に把握する"ことから始めよう。

例えば**譜例6-1**のようなフレーズの場合を例に考えてみよう（テンポ表示は参考値なのであまり気にする必要はない）。ゆっくり弾けばなんのことはないフレーズだと思う。ところがこれを速いテンポで弾こうとすると、やはりうまく弾けない人も案外いるのではないだろうか。

まずはフレーズの把握ということで、1拍ごと、しっかりと身体に叩き込むことから始めよう。最初から全部を通して弾こうとはせずに、**譜例6-2**のように1拍ごとを繰り返し弾き、1拍を4回繰り返したら次の拍へ移るといった具合だ。こうすることで、それぞれの拍にあるフレーズに慣れ、フレーズの隅々まで把握することができるというわけ。さらに、1つの拍のフレーズを何度も繰り返すことで、そのフレーズを弾く時の左手のフォームが身体に馴染んでくることになり、最終的に通して弾く際に、そのフレーズに来た時に瞬時に左手が対応できるようになる（これは右手のピッキングにも同様のことが言える）。手の動きを確実なものにするためには、こうやって"1拍ごと"に細分化して、フレーズを確実に把握しながら練習することが効果的である。

譜例6-1

譜例6-2

もう1つ、状況によっては効果のある方法がある。それは、ハンマリングやプリングといった小技の活用だ。特に、速いテンポに右手のピッキングが追いつかないといった場面では有効である。もちろん、理想的には一音一音しっかりと弾けることが望ましいが、実践的にはこういう方法も積極的に利用してみるといいだろう。

例えば、**譜例6-1**の場合で考えてみると、**譜例6-3**のようにハンマリングを用いることによって、右手のピッキングの量は半減する。これは大きな差だ。このようにエコノミーなピッキングを取り入れればスピードに対する負担が軽減され、演奏しやすくなるだろう。ただし、ピッキングの量が減ったからといってリズムはおろそかにはできないので、左手の動きに変化はない。

譜例6-3

原因その2・音が聴き取れない、フレーズが頭の中でこんがらがってしまう

この場合は、フレーズの分解能力を鍛えることが必要。というのも、速いテンポで"ダ〜ッ！"っとフレーズが流れてしまい、どういう区切りがあったのかもわからないという状況に陥っているからだ。"よく聴き取れない"という人でも、ゆっくりしたテンポで聴けばわかるはずなので、まずはフレーズを分解し、分解した1つ1つをゆっくりとしたテンポで練習しよう。練習としては、前項のように1拍ごとに区切るやり方の他、フレーズをブロック（かたまり）ごとに分解する方法もある。

譜例6-4を例に見ていこう（テンポ表示は参考値）。前項の例同様に、ゆっくり弾けばそれほど難しいフレーズではない。この例では、フレーズの最小ブロックは1拍半だ。したがって、これを1拍半ごとに区切って**譜例6-5**のように感じながら弾いてみよう。ただ、ここで1つ問題がある。他の楽器のリズムがどうなっているかだ。特にドラムが叩いているパターンによっては、このようにブロックごとに区切ったことで、逆に弾きにくくなってしまう場合もある。そんな時は迷わず方向転換、すかさず**譜例6-6**のように、拍ごとに区切る作戦に切り替えよう。フレーズの最小ブロックが分断されてしまうが、まずはきちんとしたリズムで正しくフレーズを弾くことが大事だ。このやり方で慣れてきたら、あとからアクセントを"拍ごと"から"フレーズの最小ブロックごと"に切り替えればよい。

ここまで読んできて、はたと気づいた人もいるだろうが、このやり方は……そう、CDなどの音源からベースをコピーする、いわゆる"耳コピ"をする時の方法と同じなのだ。結局、耳でうまくフレーズを捉えられていないことが問題なので、このような方法でフレーズを把握することが有効になってくる。

　速いテンポが苦手だという人は、このようにまずは"フレーズを分解して把握"し、"分解したブロックごとにゆっくりしたテンポで練習"することがなによりも大事である。言われてみれば当たり前のことかもしれないが、"速さ"にばかり気をとられずに、一歩踏みとどまってフレーズと向かい合ってみよう。壁を乗り越えるためには、やはりある程度地道な努力も必要というわけだ。

譜例6-4

譜例6-5

譜例6-6

■"遅いテンポ＝簡単"という大きな誤解

　次に、遅いテンポについて。"速いのは苦手だけど、遅ければ遅いほど楽勝さ！"と思っている君、本当かな？

譜例6-7を見てみよう（テンポ表示は参考値）。ベースで頻出のリズム・パターンだが、これをゆっくりとしたテンポでしっかり弾けるかな？　よく見られる傾向が、休符が詰まって、音符が前に寄ってきてしまうというもの。あるいは、逆にそれを意識しすぎて、音符が前に来たりうしろに来たり安定しない場合もある。しかもテンポがゆっくりだと、リズムが合わなかった時の音の"ズレ"が目立ちやすいと言えるので、見方によっては速いテンポよりもシビアだ。

　つまり"遅いテンポ＝簡単"では決してなく、普通のテンポ以上に神経を使うことが多いということ。さらに言えば、ゆっくりとしたテンポで、ただ音を置きにいくのではなく、そのテンポなりにしっかりとグルーヴさせることは尋常ではない難しさだ。"小さい音でしっかりと演奏する"ことの難しさと同様に、"遅いテンポでしっかりと演奏する"ことも一筋縄ではいかないのである。勘違いしている人もいるようだが、"速く弾けるからうまい"のではなく、実は"遅く弾けるからこそうまい"のだ。本当にうまいプレイヤーは、小さなボリュームや遅いテンポでしっかりと弾くことができるということを知っておこう。

　では、テンポが遅い場合の攻略法はというと、"音符や休符の細分化"にある。テンポが遅いと音が出てから次の音までのスパンが長いので、その間にリズムが維持できなくなってヨレてしまうのだ。したがって、音が伸びている間や休符の間も、常に一定のリズムが鳴り続けていることが有効になる。

　譜例6-7の場合、すべてを16分に細分化して譜例6-8のように捉え、音符が伸びている間も、休符の間も、常に16分が身体（頭）の中で鳴っているようにする。こうすることで、リズムのヨレを防ぐことができるというわけ。ただ1つ注意しておきたいのは、これはあくまでも苦手克服のための練習方法であって、いつもこのように意識するべきではないということ。例えばライヴの時に"カチカチ"とリズムをとりながらプレイするのは、時として見ている側に武骨な印象を与える場合もある。リズムの基本は"ジャスト"だが、ある意味、リズムの"揺れ"は表現に含まれる"味"でもあるからだ。矛盾しているように思えるかもしれないが、理想を言えば、無意識のうちに整然としたリズムを身体の中で感じられるようになることが望ましいのである。

譜例6-7

譜例6-8

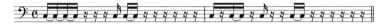

曲中でのテンポ・チェンジ

　楽曲によっては、曲中でテンポが変わるものもある(**譜例6-9**)。こんな時はとにかく落ち着くことが肝心。多くの場合、テンポが変わる直前にドラムなどのフィルインが次のテンポで入ってくるので、そのフィルインをしっかりと聴こう。仮にそのようなフィルインがない場合は、あらかじめ次のテンポに変わった直後のフレーズを練習しておくといいだろう。事前にテンポごとフレーズを身体に馴染ませておくことは効果的である。

譜例6-9

■ハーフ・タイムとダブル・タイム

　第5章 "ハーフ・タイム・シャッフル" の解説でも簡単に触れたが、1つの楽曲の進行中にテンポ感が変わる場合がある。これには実際にテンポ自体が変わるものと、テンポは変わらずにビートの取り方の違いによってテンポ感が変わるものの二通りが考えられる。前者はいわゆる "テンポ・チェンジ" のことで、**譜例**

6-10のように、そのテンポを数字で指示し変更する。この譜例を例にとると、1小節目よりも2小節目の方がテンポが上がっているため各小節に要する時間は異なり、当然ながら1小節目よりも2小節目に要する時間の方が短くなるわけだ。一方後者の場合は、**譜例6-11**に示した"通常のシャッフル"と"ハーフ・タイム・シャッフル"の違いのように、ビートの刻み方によってリズム・パターンが変化し、1小節に要する時間は変わらないもののテンポが変化したように感じるというもので、特にビート感を半分にするもののことを"ハーフ・タイム"と呼ぶ(**譜例6-12**)。つまり、一定のテンポで流れてきて、各小節の所要時間は変わらずに、リズムの刻み方が半分になるということ。ちなみに楽譜上では、この譜例に記したように、"w/half time feel"(ハーフ・タイムの感じで。"w/"は付かない場合もある)などと指示する場合もある。

また、これとは反対に、ビートをこれまでの2倍に刻むことを"ダブル・タイム"といって、**譜例6-13**のような状態になるわけだ。

■ハーフ・テンポとダブル・テンポ

　ここで1つ注意。ややこしいことに、ハーフ・タイムにはまれにもう1つ別の意味を表すこともあって、これまで進んできたテンポの"半分の速さのテンポに落とす"という使い方をすることもあるので注意しておこう（**譜例6-14**）。これは先述のハーフ・タイムとはまったく異なるもので、完全に"テンポ・チェンジ"のことだ（単純に、その変更する速度がちょうど半分になるということ）。したがって、ハーフ・タイムと区別するために別の表現で"ハーフ・テンポ"とも呼んでいる。ちなみに、ダブル・タイムも同様に、"これまで進んできたテンポの速さを倍にする"という意味で用いることもあるが、こちらも区別するために"ダブル・テンポ"という別の言い方がある（**譜例6-15**）。特に"ダブル・テンポ"に関しては、"倍テンポ"ともいい、俗に"倍テン"といわれているので聞き覚えがあるのではないだろうか。この場合、それまでの倍の速さのテンポになるわけで、急に忙しく感じたりする場合もある（**譜例6-16**）。

譜例6-14

譜例6-15

譜例6-16

特別レッスン
スピード・コントロールに役立つ
メカニカル練習フレーズ集

　スピードを自由に操るようになるためには、さまざまなテンポで異なるタイプのフレーズを弾きこなすだけの技術力を身に付けていなければなるまい。そのためには、なんといってもテクニカル・トレーニングが必要かつ有効だ。というわけで、ここに挙げる10のトレーニング・フレーズは、あくまでもテンポやスピード克服に特化したものなので、必ずメトロノームを使うのはもちろんのこと、特に自分の苦手なテンポでも弾いてみることを勧める(表示されたテンポは参考値)。

譜例1　Cアイオニアン・スケールの8分上行〜同3連下行〜Dドリアン・スケールの8分上行〜同3連下行という流れだ。8分と3連符のスムーズな移行、各ポジションでのフィンガリングなどがポイントとなる。

譜例2　譜例1と似たパターンで、Aエオリアン・スケールの8分上行〜同16分下行〜Bロクリアン・スケールの8分上行〜同16分下行というもの。ビートが変わってもそれまでのテンポをしっかりキープしよう。

譜例3　弦跳びフレーズを含むパターンで、Cの循環コード(I → VIm7 → IIm7 → V7)になっている。弦をスキップする時にリズムの乱れが生じないように注意しよう。8ビートからシャッフルへの移行もスムーズにしたい。

譜例1

譜例2

譜例4 異弦同フレット・フレーズの場合、特にハイ・テンポでの上行時にリズムが乱れやすい人が多いようだ。克服するためには、ハイ・テンポとロー・テンポを交互にトレーニングしよう。後半は3連の刻みも忘れずに。

譜例5 $\frac{4}{4} \to \frac{3}{4} \to \frac{7}{8} \to \frac{5}{4}$ と拍子が変化するトレーニング・フレーズだ。小節の変わり目でリズムが乱れないように注意。同じ拍子を2小節ずつ弾くのも効果的だ。4小節まで行ったらリピートして繰り返し弾こう。

譜例6 $\frac{5}{4} + \frac{6}{4}$ という2小節ワン・セットのフレーズ。変拍子に慣れていない人にはややこしく感じるかもしれないが、頻出のビートとも言えるもの。特にジャズなどでは、このように2小節ワン・セットのパターンは多く見られる。

譜例3

譜例4

譜例5

譜例6

譜例7 変拍子 $\frac{7}{8}$ のトレーニング・フレーズ。ワルツなどの $\frac{3}{4}$ 拍子はわりと馴染みがあるだろうが、分子が奇数の拍子は不慣れな人も多いのでは。基準となる8分のビートが身体の中で刻まれていることが基本だ。

譜例8 オクターヴの弦跳びを3拍フレーズにしたもの。いわゆる"ポリリズム"だ。延々と続けているうちに、自分でどこがアタマだかわからなくならないように注意しよう。小節のアタマごとにアクセントを入れるのも有効だ。

譜例9 同じくポリリズム。バックのサウンドは通常の8ビートで流れている時に、このような3連符を入れるとトリッキーで効果的だ。フレーズの単位は4連なので、まずは各拍のアタマをしっかりとメトロノームと合わせよう。

譜例10 最後はやや難しいかもしれないが、ポリリズムの9連フレーズだ。16分音符9個でひとかたまりのフレーズが連続している。スピードもやや速いので、わかりにくいという人はゆっくりしたテンポから始めよう。

第7章

サウンド・メイキング

ベーシストたるもの、テクニックはもちろん、存在感のある理想のベース・サウンドを手に入れたいもの。ここでは、基本となるベース本体での音作りやアンプ&エフェクターのセッティング方法など、サウンド・メイキングのポイントを見ていくことにしよう。

"いい音"とは？

　この本の中で"音楽は基本的には何でもありだ"と述べた。発信する側である演奏者が"これはいいだろ！""カッコイイでしょ"と送ったものが（たとえ理論的にメチャクチャなものだったとしても）、聴き手に"うわ～、カッコイイ！""感動した！"と受け取ってもらえたら、そこで成立するものだ、と。ただ、1人でも多くの人に発信する表現を伝えたいがために、さまざまな決まりごとを学んだり、努力を積んでいるのだが……。

　音色についても、似たようなことが言える。いや、むしろそれ以上に、演奏者の独断と偏見を強く打ち出しても構わない類いのものだろう。"いい音"というのは、"こうでなければいけない"というものではなく、ひと言で言ってしまえば"プレイヤーの好きな音"に他ならないのだ。第5章において、"リズムと音色には到達点がない"と述べたように、この点が音色には"到達点がない"と言える所以でもある。人間の好みは変わるものだし、"これが100%追い求めていた音"なんて思えることはあまりないだろうが、あまりにもクルクルと好みが変わる猫の目君は別として、たいがいの人は自分の好みの音（出したい音）を持っている。プロになればなおさらのこと、自分のアイデンティティを音色にも出したいし、常にクオリティの高い音質も維持したい。

　では、一般的にいう"いい音"とはどういうものなのだろうか。以下に考えられるポイントを挙げてみた。

　　◎自分の出したい音に限りなく近い
　　◎存在感があり、他の楽器に混じっても埋もれない
　　◎音の成分に偏りがなくバランスがいい
　　◎ノイズや音質劣化が少ない

　これから、この4つのポイントについて、詳しく見ていくことにしょう。

●自分の出したい音に限りなく近い

　これは、非常に重要なこと。音色にこだわりがないプレイヤーなんて信用できない、と言ってもいいくらいだ。"俺はこういう音が好きでこういう音を出し

たいんだ！"というこだわりがあり、その音に近づけるための努力を惜しまないでもらいたい。余談だが、プロの場合は、エンジニアに送るための出口（多くの場合ダイレクト・ボックス、いわゆる"DI"だったりする）まではプレイヤー側の問題として責任を持って送っている。"自分の音はこうですよ。ここまでは責任を持って送るので、ここからはあなたの仕事ですよ"とエンジニアに自分の音を電気信号として送っているわけだ。より本格派のベーシストを目指すのなら、こういう姿勢も真似てもらいたい。そのためにも自分の出したい音のイメージをはっきりと持つべきなのだ。

●存在感があり、他の楽器に混じっても埋もれない

　1人だけで弾いている時はそこそこいい音がしているのだが、バンドなどのアンサンブルに混じったとたん音が埋もれて抜けてこないという話もよく聞く。これは単にボリュームなどの音量の問題ではない。いわゆる"音質"の問題だ（その楽器の"サウンド・キャラクター"ともいう）。これはさまざまな楽器を弾き比べたり、いろいろなバンドで演奏したりするなど、ある程度の経験がないとわかりにくいことかもしれない。CDなどの音質はそれなりに工夫して録音処理されているものだが、好きなCDのサウンドをライヴで真似して出そうとした時に、そのギャップに悩んだことのある人は、もう一度この点について考えてみてはどうだろうか。楽器本体のキャラクター（音の性格）によるところが大きいのだが、ある程度はサウンド・メイキングの方法を変えることで補うことができるので、次項以降の解説を参考に、しっかりとした存在感があり、埋もれにくい音作りを追求していこう。

●音の成分に偏りがなくバランスがいい

　これはややエンジニア的発想で、オーディオ的にいい音ということ。好みにもよるが、低音域から高音域まで、偏りがなく均一に出てくるということである。ベースで言えば、例えばやたらと1弦の音だけ出過ぎるとか、あるいは、ある音域だけ妙に飛び出るような音では良くないということ。このような事態を避けるためには、まずは楽器を選ぶ試奏の段階で、ロー・ポジションからハイ・ポ

ジションまでを同じタッチで弾いてみて、音のバランスを見ることが大事だ。また、楽器のキャラクターをチェックするために、楽器本体の鳴り（ボディの共鳴のし具合い）、コントローラーなどの効き具合いと操作性、ピックアップのキャラクターのチェックなどを行ないながら試奏するようにしよう。

　ちなみに、現在所有している楽器をチェックしてみたら、いまいちバランスが悪かったという人は、各弦の弦高が一定に揃っているかチェックしてみよう。さらに、ピックアップの高さに関しても、1弦側と4弦側で極端な差が出ないように調整してみることを勧める。その上で、まだバランスが良くないようであれば、楽器店やリペア・ショップなどで専門のリペアマンに見てもらうといいだろう。

●ノイズや音質劣化が少ない
　これは途中の電送経路によるところも大きいが、楽器によって本体（特にピックアップ）のノイズの拾いやすさに違いがある。もちろん、構造上の違いによる場合もあるので、これも購入の際のチェック・ポイントに加えておくといいだろう。具体的には、本体のボリュームをフルにし、アンプのボリュームもやや上げ目にした状態で、音を出さずにネックをいろいろな向きに向けてみることだ。ノイズを拾いやすい場合は、楽器店の蛍光灯などでもノイズを拾ってしまうのでわかるはず。あまりにも"ジージー"とノイズが乗るようならば購入を控えた方がいいだろう。

　以上が"いい音"のポイントとして考えられるものだが、後者2つは、いわば電気的な要素なので、次項に述べる内容と合わせて考えてみてほしい。一方、前者2つは、より感覚的、抽象的な事柄である。したがって、はっきりと決まった基準はないため、自分の耳と感性を常に磨くことによって実現するものだと言えるだろう。

ベース選びのポイント

　具体的なサウンド・メイキングに入る前に、ベース本体を選ぶ時のポイントについて触れておこう (ちなみに、ここでの"ベース"とは"エレクトリック・ベース"のことをさす)。

　ひと言で"ベース"と言っても、大きさ、重さ、形、色、材質、構造、機能、プレイアビリティ、価格など様々な違いがあるが、選ぶ時のポイントを大きくまとめると以下の4つに絞られる。

1：サウンド・キャラクター：その楽器の持つ音の特性
2：プレイアビリティ：弾きやすさ (弾きにくさ)
3：ルックス：色、形など外見
4：価格

　ベースを購入する際は、これらについて予め自分のイメージをできるだけはっきり持ち、できるだけそれに近いものを選ぶといいだろう。また、詳しく分析できない人は、「○○というバンドのベースの●●さんのような音が出したい」というような情報を楽器店員に伝えて相談するのもいいだろう。
　いずれにしても、ベースを購入する際は、楽器店などに行って必ず実際に自分で弾いてみて、その楽器自体の音はもちろんのこと、弾きやすさや手に持った感触など、自分の目と耳と肌を使って確かめることが重要だ。

　前置きが長くなったが、ここでは上記のうち、特に音に影響するであろう要素について、かいつまんで説明しておくので、ベースを選ぶ際の参考にしてほしい。

● **本体／ネック／指板の材質**

　一般的に、目が詰まって硬く重い材質のものほどクリアで締まった音が得られる傾向にある。

▲ローズウッド
（柔らかい材質）

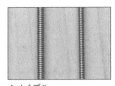
▲メイプル
（目が詰まって硬い材質）

▲フェノール樹脂
（表面がなめらかで硬い）

● **ピックアップ**

・**シングルコイル・タイプ**：おもにジャズ・ベース・タイプに搭載されているもので、クリアで明るい、オール・ラウンドな音色が特徴。
・**ハムバッカー・タイプ**：シングルコイルを2つ並べたようなもので、ハム・ノイズの低減や、温かく太い音が特徴。

● **ネックの構造**

・**デタッチャブル・ネック**：ボディ裏からネジでネックを留めているもの
・**セット・ネック**：ボディにネックを埋め込み、接着剤でつなぎ留めているもの
・**スルー・ネック**：ネックがボディ・エンドまで貫通し、両側からボディを接着しているもの。

　これらは一般的に後者になるほどサスティーンが得られる傾向にある。

　以上、大まかなポイントだが、上記それぞれ単体の要素だけでそのベースのサウンド・キャラクターが決まるわけではなく、これらが複合的に影響し合って最終的なサウンド・キャラクターが決まる、ということを忘れずに。

ベース本体での音作り

すでにいろいろなところで言われており、僕も機会がある度に述べてきたことではあるが、非常に重要なことなので最初に言っておきたい。

"ベースはシールド1本で勝負しろ！"

エフェクター類を使うなと言っているわけではない。使うにしても、シールド（ケーブル）1本で勝負できる段階になってから使うようにしよう、それまではシールド1本でいい音が出せるように努力・研究しようということだ。シールド1本でいい音が出せるようになってからエフェクターを使って出した音と、そうではなくて最初からエフェクターに頼って出した音とでは雲泥の差がある。先述の、"バンドに混じると埋もれる音"というのもこの辺りに原因がある場合が意外と多い。そんな人の場合、試しにエフェクターを外してみると急に音のヌケが良くなったりすることもあるのだ。あくまでも基本は、ベース本体で勝負だ。

そうはいうものの、"ベース本体って、ボリュームとトーン・コントローラーしかないじゃん"って思う人もいるかもしれない。しかし、"いい音"作りに関わる要素というのは意外とたくさんあるのだ。それらを1つ1つ見ていくことにしよう。

■弦高

弦高は、意外と音質へ影響するものである。単に弾きやすさの問題だけではないのだ。楽器それぞれの特性の違いもある上、弦の種類（弦のテンションやピックアップとの相性など）や、ピックアップ自体の特性の違い、ピックアップの高さ（ピックアップと弦との距離）、ブリッジなどのパーツの素材といったさまざまな要素が絡み合ってくるものの、ごくおおざっぱに言ってしまうと、多くの場合、弦高が低めのセッティングだと音は軽めでハイが出やすく、高めのセッティングだと太めでローが出やすくなる傾向にあるようだ。

具体的な作業としては、ブリッジ部分の各サドル(駒)の高さを、指板から弦までの距離が均一になるように調整する。この時、フィンガーボード表面にはカーブがついているため、外側の1＆4弦よりも内側の2＆3弦の方が高くなる、というのが基本だ。勘違いして、サドルの高さを均一に揃えてしまうと(つまりボディに対して平行にということ)、外側の1＆4弦の弦高が内側の2＆3弦のそれよりも高くなってしまうことになるので注意。ちなみに、各サドルは角度はつけず水平にすること。

　弦とフレット、および、弦とピックアップのそれぞれの間隔が弾きやすさや音色に関わってくるわけだが、具体的にそれぞれ"何ミリが最適です"とは言い切れるものではない。実際にアンプなどで音を出しながら、弾きやすさ、弦のビビリ具合だけではなく、音色の違いも視野に入れた上で、自分なりの弦高を見つけよう。

▲指板(フレット)から弦までの距離を、各サドルの高さを調整することで均一にする

■弦の種類

　弦の種類は、音に直接影響してくる要素の1つである。音色のみならず、弦自体の寿命の違い、サスティーン、滑り具合を含めた手に触れる感触、値段などさまざまな違いがあるので何を選択するか迷ってしまうだろうが、実際に試行錯誤して、自分に合った究極の弦を見つけ出してもらいたい。なお、弦の構造自体の違いとして次のようなものが挙げられるので、弦選びの際の参考にしてみてほしい(図7-1)。

ラウンド・ワウンド

　芯線(スティール製のものが多い)に、スティールの丸い巻線を巻いたもの。エレクトリック・ベースには最も多く用いられているもので、輪郭とコシのある力強い明るめの音が得られる。

フラット・ワウンド

　構造はラウンド・ワウンドとほぼ同じだが、巻線に平たく加工したものを用いている。ややぼけた輪郭で柔らかめの音が得られる。また、表面が平らなので、弦と指との摩擦音が少なく、滑り具合いも滑らかだ。

ハーフ・ワウンド

　ラウンド・ワウンドの表面を加工して平らにしたもの。手触りは滑らかで、ラウンド・ワウンドとフラット・ワウンドの中間の音が得られる。

ハーフ・アンド・ハーフ

　ラウンド・ワウンドのネック側の部分のみをハーフ・ワウンドに加工したもの。つまり左手の感触はフラット・ワウンドで、右手の感触はラウンド・ワウンドとなり、音色はラウンド・ワウンドに近いものが得られる、というもの。

図7-1

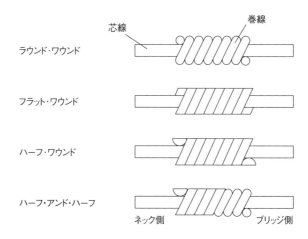

　弦の太さは"ゲージ"といって、通常ミリかインチで表す。一般的に太くなればなるほど弦のテンション（張力）がキツくなるため、弾く時の感触は堅く感じられ、音質は図太い音が得られる。逆に細くなればなるほど、テンションが弱まるため、柔らかい弾き心地になり、軽めの音になる。

■ピックの種類

ピックについての詳細はすでに第1章で述べた通り、その材質、形状も音に関わってくる。硬さなどによる弾きやすさだけではなく、音の違いを注意深く聴き分けて自分に合ったピックを選ぼう。

■弾き方

指の角度や伸ばし方、ピッキングする位置などによっても音は変わってくる。第1章の記述（フォーム編〜あなたの弾き方は変？）を参照して、音色に注意しつつ、自分の弾き方を再チェックしてみよう。

■トーン・コントローラー

文字通り、音色をコントロールするためのものだが、稀に使い方を誤っている人を見かける。気をつけたいのが、そのコントローラーの回路が"パッシヴ"なのか"アクティヴ"なのかという点。フェンダーのジャズ・ベースやプレシジョン・ベースのようなパッシヴ・タイプ（通常電池などのバッテリーは不要）のベースの場合は、トーン・コントローラーがフルの状態で、トーンはフラットな（何も変化させていない、ニュートラルな）状態となる。すなわち、そこからトーンを絞っていくと、徐々に音をこもらせていく（ハイを絞っていく）ことになるわけだ。

図7-2

一方、最近多く見られるアクティヴ・タイプ（通常電池などのバッテリーが必要）のベースの場合は、トーン・コントローラーがセンターの状態でフラット（±0）であり、そこを基準にトーンをブースト＆カットできるようになっている。このことをよく知らずに、とりあえず何でもフルにしてしまう人がたまにいる

ので、注意が必要だ。また、アクティヴの場合、コントローラーの効きが激しいものも多いので、過度なセッティングは控えるように心がけよう。

■ケーブルにこだわる

"いい音"作りを追求してベース本体でさまざまなセッティングをしても、肝心の音の出口でその品質を落としてしまっては、それまでの苦労も水の泡だ。そこで、ベースの音を外に送り出すケーブル（シールド・ケーブル）にもこだわりを持ちたい。

では、どういう点にこだわればいいのか。まず第一に、粗悪品を使うと、"音痩せ"や"ハイ落ち"を引き起こしかねないので、購入の際は注意が必要だ。"音痩せ"や"ハイ落ち"とは文字通り、送った音の線（音像）が細くなったり、音の高域成分が低下して音の透明感や瑞々しさが失われたりする現象である。また、ベースで使うケーブルは、一般的に"シールド線"（あるいは単に"シールド"）とも呼ばれることからもわかるように、その伝送信号を外来ノイズから守る構造になっている（これをシールド効果という）。ベース本体のピックアップの次に、外来ノイズの影響を受けやすい部分なので、しっかりと対策が施された構造のものを選びたい。

最近は、ベースの音域やその特性を考慮して作られたベース専用ケーブルや、材質やプラグの作りなどにこだわった高品質ケーブルがたくさん出ている。例えば、芯線の材質に無酸素銅（OFC）や銀を使うことによって、あるいはプラグの表面を金メッキ処理することなどで、伝送信号のロスを軽減させようというものも多い。価格もさまざまだが、確実に音に違いが現れるものもあるので、いろいろと試してみることを勧める。ちなみに、一般的にこれらケーブルは長ければ長いほど音質の低下を招き、ノイズを拾う可能性も高くなるということも覚えておこう。

アンプ&エフェクターのセッティング

"いい音"を追求するために行なうセッティングの基本はベース本体から始まるわけだが、次に行なうのがアンプのチューニング(トーン・コントロールなどによる調整のこと)だ。これによって、気持ち良く演奏できるかどうかが大きく左右されることになる。

■アンプのチューニング

アンプのチューニングに関しては間違った使い方をしている人をたまに見かけるので、これを機に再確認しておこう。

アンプの持っている機能・性能を正しく引き出すためには、まずは各コントロール類(つまみ)の持つ働きを正しく知る必要がある。図7-3は、一般的によく見られるコントロール・パネルのサンプルだ。各つまみの名称と働きを確認しておこう。

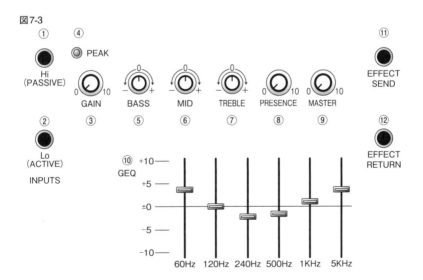

① **インプット(ハイ)**:パッシヴ・タイプのベース(電池を使わない=出力インピーダンスがHiのベース)のケーブルはここに差す。

② **インプット（ロー）**：アクティヴ・タイプのベース（電池が必要な＝出力インピーダンスがLowのベース）のケーブルはここに差す。

③ **ゲイン**：さまざまな出力レベルのベースを想定して、アンプに入力される信号のバランスを整えるもの。右に回すと音が大きくなるのでボリュームと勘違いしている人がいるが、それは間違い（上げ過ぎると音が歪むこともある。歪まない程度に上げるのが基本だが、あえて歪ませる使い方もある）。

④ **ピーク・インジケータ**：ゲインを上げ過ぎるとここが点灯する。常に点灯しない程度にゲインを調整しよう。

⑤ **ベース**：低域をカット、またはブースト。最初はフラット（12時の位置）から始めるのが基本。

⑥ **ミドル**：中域をカット、またはブースト。最初はフラット（12時の位置）から始めるのが基本。

⑦ **トレブル**：高域をカット、またはブースト。最初はフラット（12時の位置）から始めるのが基本。

⑧ **プレゼンス**：トレブルよりもさらに高い周波数の調整に使う。ほぼ倍音成分を調整するようなもので、音の輪郭を強調したい時に上げたりするが、上げ過ぎると「ジー」というノイズが増えることもあるので注意。（このつまみのみ、カットはなくブーストだけの場合がほとんどなので、最初はゼロから始めるのが基本）

⑨ **マスター**：最終的なボリューム（最初は小さめにしておき、他の全てのつまみの設定が決まってから好みの大きさに上げていくのが基本）。

⑩ **グラフィック・イコライザー**：表示されたバンド（周波数帯域）をカット、またはブースト（トーン・コントローラーよりも細かなバンド設定がなされているのが一般的で、視覚的にわかりやすいというメリットがある）。

⑪ **エフェクト・センド**：エフェクターをつなぐ場合は、ここからエフェクターのインプットへつなぐ。

⑫ **エフェクト・リターン**：エフェクターをつなぐ場合は、エフェクターのアウトプットからここへつなぐ。

● タイプ別アンプ・セッティング例

　ここでは音楽のタイプ別に見たアンプのセッティング例をそれぞれ紹介していこう。

1. ゴリゴリした音を出したいハードコア

　重低音が欲しいので低域を強調した例。ただし、あまりに低域を強調し過ぎると音の締まりがなくなるので注意が必要だ。少しだけミッドを抑えてやるのがコツ。ハイの部分は弾き方によって調整しよう。

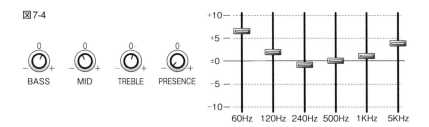

図7-4

2. ブリブリした音を出したいロック

　ストレートなロックでは低域成分が多いとベースの疾走感が鈍ってしまうことがあるため、若干低域をカットし、少しだけミッドを膨らませて芯のある音を目指そう。ピッキング・ノイズを抑えるため、ハイもややカット。

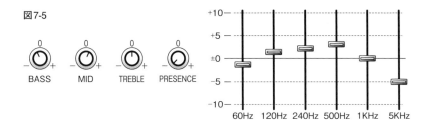

図7-5

3. スラップが映えるフュージョン

　スラップではいわゆるドンシャリ傾向（ローとハイが強調された音）にする。カチッとしたリズムを強調するため輪郭をはっきりさせたい。ファンクロックの

スラップではここから若干ハイを絞って少しだけミッドを戻してあげるとよい。

図7-6

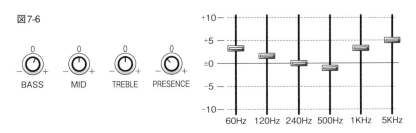

4. オールマイティに使えるポップス

　基本はフラット。あまりベースを強調させずに、サウンドの中に溶け込ませるため、極端なセッティングは控えよう。あくまでも部分的に補正するにとどめる程度でいいだろう。

図7-7

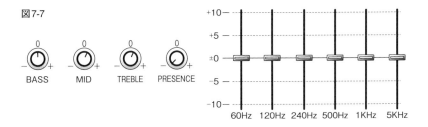

　基本として全体的に言えることだが、極端なセッティングは控えることが大事だ。アンプのチューニングで極端な音作りをしても、かえって音像がぼやけたり、他のメンバーがやりにくかったりする、ということが多い（次項参照）。ベース本体の音作りと弾き方で勝負する、というのがベーシストの基本中の基本姿勢だと心得よう。

　また、ほとんどのアマチュアがイコライザーをいじる場合、ついついブーストすることばかりになりがちだが、プロや上級者になればなるほど、サウンドの余分なところを削っていく、つまり不要部分をカットする、という使い方をするものだ。ブーストというのは、足りない部分を持ち上げるものなので、もともと無理がある最後の手段、と覚えておこう。

■アンプを置く位置の重要性──モニターのためかアンサンブルのためか

　アンプを置く位置は非常に重要で、特に自分の演奏のしやすさ(やりにくさ)には多大な影響を及ぼす。また、バンドなどで演奏する場合には他のプレイヤーへ与える影響も大きい。

　まずはアンプの特性を知っておこう。一般的に、ベース・アンプは壁や床に近いほど低域が強調されやすいとされる。言い換えれば、低域を削りたい時はベース・アンプを壁や床から離してやればいいわけだ。このことを知っておけば、リハーサル・スタジオやステージ上で演奏しづらいと感じた時、即座に対応することができる(図7-8)。

図7-8

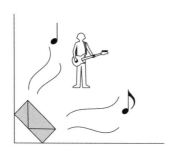
壁のコーナーだと低域が出やすい

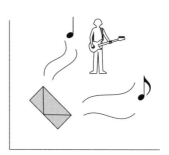
低域が出過ぎだったり、締まりがない時は、壁から離してみよう

　次に、アンプと自分との位置関係。実はこの点にあまりにも無頓着な人が多いので、もっと積極的にこの2つの関係を考えてもらいたい。一般的に、アンプ(スピーカー)の横やうしろは音に締まりがなく不鮮明な聴こえ方をする。一方、正面は高域から低域までよく聴こえる。ただこの時も、単に正面というだけではなく、アンプとの距離も注意してみよう。アンプそれぞれの特性にもよるが、場合によっては、あまり近づきすぎるとかえって聴こえにくく、ちょっと離れた方がよく聴こえる場合もある。実際に弾きながらアンプのまわりをウロウロしてみると、自分とアンプの位置関係や距離によって聴こえ方がかなり変わるのが確認できると思う(図7-9)。

　さらに、アンプの位置が自分以外の人へ及ぼす影響も視野に入れておきたい。

自分は気持ち良くても、場合によっては他の人に迷惑をかけていることもあり得るからだ。自分だけのモニターとして使うのならば、できるだけ自分の耳に向けたセッティングで、音量も必要最小限に留め、また、他の人にも聴かせるためなら、それなりの位置にセッティングするという、目的に応じたセッティングができるようにしたい。常に、自分もまわりもやりやすい環境を作るように心がけよう。

図7-9

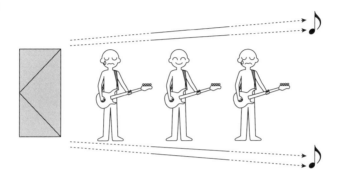

正面でもアンプとの距離によって聴こえ方が異なる

■エフェクターの活用

　最後にエフェクターの活用だ。"いい音"を作るためにいろいろなチューニング、セッティングをしてもまだ何か足りない、別の効果が欲しいという段階で初めて登場させよう。代表的なものを列挙してみるので、上手に使ってみよう。

●コンプレッサー、リミッターなどツブ揃え系

　音のツブを揃えてくれるので、ベーシストの利用者は多い。特にスラッパーにはありがたいかも。ちなみに、コンプレッサーは、決められたレベルより大きい音を決められた割合で小さくし、小さい音との差をなくして、全体的な均一化を図るもの。一方、リミッターは、文字通りある一定のレベル以上の音を抑えてくれるものだ。

▲コンプレッサー（MXR M282 dyna comp bass）

●EQなど補正系

　イコライザーは、細かくセッティングできるトーン・コントロールのようなもの。先述のGEQ（グラフィック・イコライザー／略してグライコ）の他に、PEQ（パラメトリック・イコライザー／略してパライコ）がある。GEQは設定可能なバンド（周波数帯域）が固定だが、PEQはバンド自体も設定できるため、より細かい設定が可能となる。

▲グラフィック・イコライザー（ボス GEB-7）

●オーバードライヴ、ディストーション、ファズなど歪み系

迫力を出す歪み系は、何もロックだけの使用に限ったことではない。ファンクなどでも大活躍だ。真空管アンプの歪んだ感じ（オーバードライヴ）から、極端に攻撃的なもの（ディストーション、ファズ）まで歪み具合いはさまざまだ。

▲ファズ
（エレクトロ・ハーモニックス　BIG MUFF π）

●コーラス、フランジャー、フェイザーなどモジュレーション系

空間的な広がりを持たせるコーラスや独特のうねりを持たせるフェイザー、ジェット機が飛ぶ時の音のような効果を作り出すフランジャーなど、揺れやうねりを演出するものだ。

▲コーラス（ボス　CEB-3）

●ディレイ、リヴァーブなど空間系

山びこのような効果が得られるのがディレイ、広いホールやトンネルの中のような残響効果が得られるのがリヴァーブ。

▲デジタル・ディレイ（ボス　DD-3）

●フィルター／ワウワウ系

"パオパオ"とワウがかかるタッチ・ワウ、オート・フィルターなど、倍音を過激に変化させサウンドのバリエーションを広げてくれる。

▲フィルター
（エレクトロ・ハーモニックス　Micro Q-Tron）

●プリアンプ系

　本物のアンプのプリアンプ部と同じで、自然な歪みや簡単なトーン・チューニングが可能。デジタル系アンプ・シミュレーターを使えば、さまざまなアンプの特徴を手軽にシミュレートできる。

▲アンプ・シミュレーター
（TECH21 SANSAMP BASS DRIVER DI V2）

●シンセ系

　シンセ・ベース・サウンドを生ベースで表現したい人にお勧め。よりダイナミックなサウンド変化を可能にしてくれる。

▲ベース・シンセサイザー
（ボス　SY-1）

第8章

レコーディングのオキテ&テクニック

思い通りの演奏ができたら"残しておきたい"と、いい楽曲に仕上がったら"誰かに聴かせたい"と思うだろう。そんな気持ちを形にするのが"レコーディング"だ。最後の章では、ベーシストとして知っておきたいレコーディングの基礎知識やノウハウをまとめておく。

レコーディングを知る〜リハ、ライヴとの違いを心得よ

　バンドであろうと、一匹狼であろうと、ベースを弾いていくうちに"レコーディング"という作業を体験する日が少なからず来ると思う。バンドでデモ・テープ（CD、MDなど）を作ったり、1人で自宅録音（ホーム・レコーディング）をしたり……。もしも君が将来プロを目指しているのならなおのこと、レコーディングは必ずや経験することになるだろう。
　ここからはプロのレコーディング現場の様子を参考に、ベーシストが必要最低限知っておきたいレコーディングにまつわるノウハウを、リハーサルやライヴと比較しながら探っていくことにする。

■レコーディングの流れ

　まずは、一般的なレコーディングの流れを把握しておこう。もちろんアレンジャーやディレクター、プロデューサーなどによってもやり方は違ってくるので一概には言えないが、基本的な流れを知っておくことでレコーディングに対する心の準備ができるだろう。デモ音源作りはもちろん、自主制作CDを作る際などの参考にしてみてほしい。

1　楽器のセッティング

　当たり前だが、これがなくては話が始まらない。レコーディングに際し、ベースの音の録り方には大きく分けて次の3通りの方法があるが、それぞれの方法に合わせた正しいセッティングが必要だ。
　1つは"ライン録り"。マイクで収音するのではなく、ベースからケーブルでDI（ダイレクト・ボックス）などを通して、直接ミキシング・コンソール（ミキサー卓）に信号を送る方法。クリアで輪郭のはっきりした音色が得られるため、非常に多く用いられる方法と言える。
　2つめは"マイク録り"。ライヴと同じようにスタジオにベース・アンプをセッティングし、それにマイクを立ててアンプからの音を拾って録る方法。比較的ベースらしいファットな音が得られるため、この方法を好むエンジニアも多い。

ちなみに、ドラムやギター、あるいは弦楽器など、このようにマイクを使って音を録る場合には、マイクの選択やそのマイクの位置など、マイク・セッティングの仕方次第で音がかなり変わるので、エンジニアはこの点に非常に神経を使う。

　3つめは上記2つをミックスする方法。ライン録りとマイク録りをそれぞれミキシング・コンソール上の異なったチャンネルに振り分け、のちに適度なバランスを取ってブレンドするやり方だ。手間はかかるものの、ライン録りとマイク録りの長所・短所をうまく活かし、補い合うことができるので、こだわり派に人気がある。

図8-1

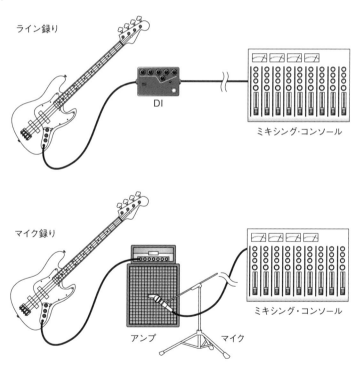

2　サウンド・チェック～リハーサル

それぞれの楽器のサウンド・チェックが済んだら、みんなで一緒に音を出して軽く譜面を当たってみる、つまりリハーサルだ。この時、第1章で述べたように、譜面から得られる情報をひと通りチェックしておくのがアッパーなベーシストのやり方。さらにそれと同時に、キュー・ボックス (ヘッドフォンの音量やミキシング・バランスを自分で自由に調整できるようにした装置) も自分が演奏しやすいように調節しておく。

3　本番

いよいよ本番。できれば何度も録り直しはしたくない。一発で決めよう！ちなみに、その時に用いる楽器すべて (あるいはそのほとんど) を一度に録ってしまう方法を"一発録り"という。一方、楽器をいくつかに分けて録る方法もある。これはスタジオの環境にもよるが、例えばドラムやギターなどは生音が出るわけで、これら2つを同じ部屋で録ると、漏れて聴こえる音が他方のマイクに入ってしまう。そこで、ギター・アンプなどは"ブース"と呼ばれる小さな部屋に入れて隔離して録る方法が一般的に用いられている。さらに、エンジニア側の作業上の問題などから、例えばドラムとベースとキーボードだけ先に録って、ギターはあとから、などという進め方もある。これは、上記"ブース"の不足などの設備的な問題によることが主な理由だ。

4　直し

惜しくも間違った箇所があって部分的に録り直しが可能な時に、プレイヤー個々が録り直す作業を"直し"という。例えば本番で、ドラムとギターはミスもなく良い演奏内容だったのでOKが出たが、ベースは1カ所だけミスがあったというような場面では、ベースだけ直しに入ることになる。

ちなみに、このように部分的な直しの作業で用いられるのが、"パンチ・イン""パンチ・アウト"という方法。修正を加える元のテイクに対し、新たに弾き直した部分を"パンチ・イン"で組み込み、"パンチ・アウト"で抜いて元に戻るというものだ。

ここで、ベースのOKが出たら、"お疲れさま！"ということでお役ご免だ。したがって、ここから先はベースが関わらない部分ということになるが、レコーディングの全体の流れを知っておいてもらいたいので、以下に続けよう。

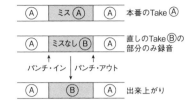
図8-2

5 かぶせ

シンセやギター・ソロなどのいわゆる"ダビング"作業。

6 歌入れ

一般的に、最初のリズム録りの時にはボーカルが入っていなかったり、あるいは入っていたとしても、リズム録りと同時にガイドとして仮に歌った"仮歌"である場合が多いので、ここで本チャン（本番）の歌を録るわけだ。同時に、コーラス録りや歌のかぶせなども行なう。

7 TD（トラック・ダウン）

"ミックス・ダウン""落とし"ともいう。ここからは、エンジニアがより忙しくなる作業で、それぞれの音のレベルを合わせたり、エフェクト処理をしたり、不要な部分を消すといったような整理・整頓の後、全体のバランスを整え、LとRの2チャンネルにまとめる（2トラックのマスター・テープを作る）2ミックスという作業を行なう。

レコーディング・スタジオでの作業は、基本的にはここまででおしまい。

8 マスタリング

最終段階となるマスタリング作業では、2ミックスに仕上がった音全体を最終的にイコライジングしたり、CDのように何曲も録った音源の場合には、その曲順や、曲と曲との間（曲間）の長さを決めた上で（これが意外に重要だ）、CDをカッティングするためのマスターCDを作る。

■メンタル面での違い

"レコーディング"と聞いて、あるいはその場になって、緊張してしまう人は多いと思う。通常のライヴとは違い、後々まで記録として残るものだから下手なことはしたくないという気持ちも働くだろう。あるいは、ライヴのような視覚的効果に頼ることもできず音だけで勝負しなければいけないというプレッシャーを感じる人もいるかもしれないし、細かな粗が露呈されることへの不安もあるかもしれない。ということで、緊張しちゃう人へのちょっとしたアドバイスとなるように、リハ、ライヴ、レコーディング、それぞれの場面でクオリティの高い演奏を行なえるようにするためのメンタル面での注意点を挙げておこう。

4つの条件下でのメンタル面の注意点

リハーサル (バンドでなくては できない練習)	・リハだからと気を抜かず、本番同様に適度な緊張感を持とう(観客がいないからといって雑な演奏などはもってのほか) ・バンドでなくてはできないことを特に意識しよう(アレンジ、曲を通したダイナミクスのつけ方、細かなリズム合わせ、ギターやキーボードの場合はボイシングの確認……など) ・観客が入った状態を想定してモニター環境をチェックしよう(ライヴハウスなどのリハの場合)
ライヴ (本番)	・緊張し過ぎはよくない。「やるだけのことはやった」と開き直って自信を持ってプレイしよう(客の前で緊張する人は「自分は世界一上手い」と思ってプレイしてみよう) ・小さなミスより大きなノリで ・自分が楽しまなければ聴いている人には楽しさは伝わらない ・勢い込んで雑になりやすい人は、レコーディングのつもりでプレイしてみよう ・100％ HOTは禁物。常に頭の中に何％かCOOLさをキープすべし
レコーディング (本番)	・緊張し過ぎはよくない。「やるだけのことはやった」と開き直って自信を持ってプレイしよう ・きちんとプレイしようとするあまりに丁寧すぎて勢いがなくなりがち。適度なラフさはOKとしよう(丁寧になり過ぎる人はライヴのつもりでプレイしてみよう) ・その時だけ特別なことをやろうとしてもしょせん無理。現時点での自分のベストを尽くそう
個人練習 (一人でもできる 練習)	・「自分はまだまだ未熟だ」と思って練習に励むべし(練習する時は「自分は世界一下手だ」と思ってさらに努力してみよう) ・細かな部分、特に苦手な部分をチェックするつもりで行なおう ・ダラダラやっても効果なし。目的を明確にして練習しよう ・バンドでなくてはできない練習との違いを考えて、一人でできることを重点に練習しよう

■テクニック面での違い

　メンタル面とは違い、レコーディング時に要するテクニックが、リハやライヴ時と異なるということはないだろう。しかし、場合によっては各場面で多少のコツのようなものは考えられるので、そのあたりを紹介していこう。

●フォーム

　ライヴ本番では立って演奏するのに、リハでは座っている人って案外多いのではないだろうか。はっきり言ってこれは良くない。ただでさえ、自宅で個人練習する時には座って演奏する人が多いだろう。せめてリハの時くらい本番と同じ姿勢で弾かなくては、本番の時だけがいつもと違う姿勢でプレイすることになってしまう。立って弾くのと座って弾くのとでは、身体に対するベースの位置が異なり、いつもならできていたことができなかったり、できないとまではいかなくても弾きにくくてスムーズでなくなるといったことが起きかねない。

　一方、レコーディングではちょっと考え方を変えよう。レコーディングはあくまでも良い内容で音を残すことが最大の目的だ。したがって、見た目は二の次、カッコ悪くてもいいから自分で一番弾きやすいフォームで弾こう。もちろん、座って弾いた方が弾きやすければ座って弾けばいいし、反対に、立って弾いた方が弾きやすい人は、たとえスタジオに椅子が用意されていたとしても、立って弾いたって構わないのだ。人の意見に左右されず、自信を持って自分の得意とするフォームで弾くべきなのである。

●ピッキング（右手）およびフィンガリング（左手）

　ピッキングとフィンガリングに関しては、レコーディングだからといって特別変わるものは何もない。強いて言えば、これもフォーム同様、音として最も良い結果を生む弾き方を選択すべきだ。例えば今"4フレット・フォーム"の習得過程にある人が、"1フレット1フィンガーの法則"（第1章参照）を意識しているとしよう。無意識のうちにこのフォームで弾けない人のような場合は、はっきり言ってレコーディングでそんなことを気にしている場合ではない。もちろん練習ではそのフォームが習得できるように引き続き努力は続けるべきであり、

リハでもできる限りそのフォームで弾くよう心がけたいものだ。しかし、レコーディングやライヴ本番では、(誤解を恐れずに言うと)多少乱れたフォームでも構わないので、しっかりとした音になる方法を選ぼう。例えば小指を使うのが苦手な人は、練習やリハでは頑張って使うように努力しつつも、本番で失敗してちゃんとした音にならないようであれば、本番では開き直って小指を使わずに弾きやすいフォームで弾くというのもアリだろう。これはちょっと乱暴なアドバイスだが、その場になってジタバタしてもしょうがないので、"手段よりも結果"を選ぼう。練習でちゃんと努力していれば、すぐに本番でもきちんとしたフォームで弾けるようになるはずだから。

　ちなみに、ライヴなどのステージ上とレコーディング・スタジオでは、モニター環境も大きく異なる。ライヴ・ステージでは、通常"ころがし"(フット・モニター)と呼ばれるモニター・スピーカーから主に全員(自分の音を含めるか否かは個々のプレイヤーの好みによるところだが)の音を返してもらうのが一般的だが、他のプレイヤーの生音が聴こえる上、その小屋(ライヴハウスやコンサート・ホール)によってそれぞれの"鳴り方"があるため、一定して自分にとっての好環境を維持するのは難しいと言える。一方レコーディング・スタジオでは、個々にヘッドフォンと"キュー・ボックス"と呼ばれる簡単なミキサーのようなものが用意されていて、ヘッドフォンを着用してモニターするのが一般的だ。このキュー・ボックスを使って自分自身で好みの音量やミキシング・バランスに調整することができるうえ、まわりの音を気にせずに演奏することができる。ライヴ・ステージでは時としてあり得るであろう自分の音が聴こえにくいことで生じる不要な力みが、レコーディングではなくてすむため、無理・無駄のないピッキングが行なえる場合もある。

●**フレーズの弾き分け**

　考え方にもよるが、場合によっては弾き方に多少の違いが出てくる。何度も述べているように、ライヴ本番ではある程度"視覚的効果"を意識したプレイになってもおかしくはないので、意図的に動きを激しくすることもあり得るのだ。例えば**譜例8-1**のようなフレーズの場合、一般的には**A**のようなポジショニン

グが最も自然なところだろう。しかし、ステージ上のアクションを考えてやや動きを大きくするために**B**のようなポジショニングにすることも考えられる。これを邪道と見る向きもあるかもしれないが、そんなことを気にする必要はない。思い通りに弾けてその方がカッコイイと思うのなら堂々とやればいいのだ。

　ただし、このような場合、弦やポジションが変わることによって、音色が微妙に変化することを把握していることが前提である。**譜例8-1**の2小節目の出だしのフレーズを見ると、**A**の3弦から始まる音に対し、**B**の4弦から始まるポジショニングの方が一般的には若干丸い（多少こもった）音がすると思う。このような違いを知った上でこのポジショニングを選択するのなら、何ら問題はないだろう。レコーディングではあまり関係ないかもしれないが、ライヴ本番ではこのような弾き方の違いが出てくる場合もあるというわけだ。

　また、先に述べたモニター環境の違いから、レコーディングではよりデリケートな部分までしっかりと聴きながらプレイすることができる。したがって、自ずとフレーズの細部まで神経が行き届き、より細かいニュアンスまで表現しうるというわけだ。例えばライヴの時、本当は**譜例8-2**のように弾きたいんだけど、"そこまでの細かいニュアンスが出ない（聴きとれない）から"といって、**譜例8-3**のようにフレーズを多少簡略化してしまうことはないか？　本来は、どんな些細なことでも表現できるように頑張って演奏すべきところだが、ステージ環境によっては、そう思わざるをえない場合もあるだろう。逆に言えば、レコーディングはごまかしがきかないシビアな現場だということだ。

■**アンサンブル（ベースの役割）の変化**

　アンサンブルにおけるベースの役割というものは、どんな場面においても変わるものではないのは当たり前。しかし、その作業工程の違いから、気をつけておかなければいけないこともある。

　リハやライヴでは、一般的にはその時その場で出ている音がすべてだ。その楽曲にどんなアレンジがなされ、どのような楽器のどんなフレーズが鳴るのかということも、ベースを弾きながら同時進行で把握できているはずである。

　一方レコーディングでは、場合によっては、ベースを弾く段階では全体像が見えないことがある。例えば、ドラム、ベース、ギター、ピアノという4リズムで同時に録ったとしても、その後でキーボードやギターなどをさらに"かぶせる"（あとから重ねて録音すること）ことはよくある。こんな時はこのあとにどのような音が入ってくるか、その後の展開をある程度把握しておく必要がある。それによってベースの立場や、場合によってはフレーズ自体も考えなければいけないこともあるからだ。もっとも、アレンジャーによっては、非常に緻密に計算されたアレンジを施し、このような点もふまえてベース・ラインを"書き譜"（オタマジャクシで細かく指定した楽譜）で指示してくる場合もある。その場合は譜面通りに弾いていれば問題ないのだが、あまり細かく書かれていない譜面も多く、この辺りの"譜面の読み"（第1章参照）が足りないと、他の楽器をかぶせた後でベースが他の楽器の邪魔をしてしまっていた……なんてことも起こりうるのである。

　簡単な例を挙げよう。レコーディングの時に、スタジオで**譜例8-4**のような譜面を渡されたとしよう。ここで少し腕に自信のある君は**A**の部分をつまらないと感じ、**譜例8-5**の**B**のようにプレイしてその出来に満足していた。しかし、その後でそこにストリングスがかぶってきて、**譜例8-6**の**C**のようなラインが入ってきた。この譜例を見て視覚的にも感じられるように、**C**と**B**の部分は急激にグチャッと重なって、結果的にはあまりきれいではなくなってしまった……。これは非常に簡単な例だが、似たようなことは案外多く見られる。譜面を見て、どこまで崩していいのか、反対にどこまで正確に弾かなければいけないのかは、ある程度経験を積まなければわからないことかもしれない。いずれ

にせよ、レコーディングという現場では、場合によってはライヴとは違った部分に注意を払うべきこともあるということを覚えておいてほしい。

■それぞれの音作り──使用機材とセッティング

　ここからは、リハ、ライヴ時と比較しつつ、レコーディングという場面におけるサウンド・メイキング、また、そのために必要な機材やセッティングなどについて見ていくことにしよう。

●リハでの音作り

　自分の音色追求も必要だが、狭いスタジオ内でお互いに演奏しやすい環境を作るという"譲り合いの精神"もある程度必要だ。これは各楽器の音量だけの話ではなく、音色（イコライジング）にも言えること。"自分だけが気持ちいい"ではなく"みんなも気持ちいい"を目指したい。そのためには、第7章の"アンプを置く位置の重要性"のくだり（P178）で述べたことが非常に重要。とにかく全員がリハーサルしやすくすることを第一義に考え、多少我慢しても、やや低域を削ったり、ボリュームを抑えたりするなどの配慮が必要になることもあると覚悟しておこう。図8-3は、あくまでも参考だが、リハーサル・スタジオにおけるベース・アンプのグラフィック・イコライザーのセッティング例だ。

●ライヴでの音作り

　リハと同様のことが言えるものの、"自分ならでは"の音を出さなければ勝負にならない。ボリュームなどのバランスはある程度考えなければいけないのは当然だが、音色に関してはできるだけ自分の思い通りに出したいところだ。また、バンドの編成や音楽のジャンルにもよるが、生のドラムや歪んだギター・サウンドにも負けない（というか、それらを支えることのできる）しっかりした骨のあるベース・サウンドを出したい。図8-4はライヴ時のグラフィック・イコライザーのセッティング例。

●レコーディングでの音作り

　レコーディングの場合、ベースのEQは録音後にかけることが多い。なぜなら、録りの段階で元の音にオーバーEQ（過度にEQをかけ過ぎること）してしまうと、あとからの修正も難しくなるばかりか、きれいに音を再生すること自体が困難になる場合があるからだ。また、EQをかけるエフェクター自体も、スタジオにはクオリティの高い（音質劣化の少ない）機材があるので、それらを利用した方が高音質に仕上がることが期待できるという点もある。したがって、レコーディングの場合ベースはノーEQ（EQを手元でかけない）で録るやり方が多く見られる（ライン録りの場合／図8-5）。

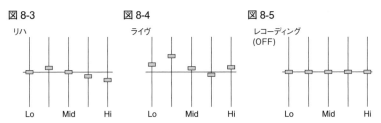

図8-3　リハ
図8-4　ライヴ
図8-5　レコーディング（OFF）

　機材に関しては、リハを含めたライヴ、レコーディングの2つのケースを比べて見ていこう。

●ライヴ（リハ含む）での機材＆セッティング

　会場によって状況が異なるライヴの場合、少なくとも自分の出す音の出口ま

では責任を持ちたい。本番中には、さまざまな音色を出さなければならないこともあるので、自分が出したい音色をすばやく出せるようにしておく必要がある。そのためにプレイヤーはエフェクターを使うことになるわけだが、足下に置くコンパクト・エフェクターやマルチ・エフェクター、あるいはラック・マウント式の本格的なものまで多種多様だ。よく見かけるのは、

図8-6 ライヴのセッティング例

音のツブを揃える機能を持つコンプ（コンプレッサー）の他に、歪み系やタッチ・ワウなどのフィルター系だ。また、曲と曲の間でチューニングをする必要もあるので、チューナーはもちろん、その際に音をミュートするためのボリューム・ペダル、あるいはライン・セレクターなどもあるといいだろう。

●レコーディングでの機材＆セッティング

　レコーディングの場合は、あまり手元でエフェクターをかけたくない。チューニングにしても、1曲ごとにしっかりチェックできるので、チューナーをつないでおく必要もなく、したがってボリューム・ペダルやライン・セレクターなどをつないでおく必要もない。できるだけ高音質を優先するレコーディングでは、必要ないものは極力省くのが基本だ。

　レコーディングにおいて、最も多く見られるエフェクターはリミッターだろう。これはコンプ（コンプレッサー）とは目的が異なり、音のツブを揃えるのではなく、過大入力による音の歪みを防ぐもので、ある一定のレベル以上の入力があった場合にのみ、そのレベルを抑える働きをするものだ。したが

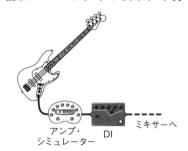

図8-7 レコーディングのセッティング例

って、そのレベルに達しない限りは何の変化もないため、音色を変えるエフェクターとはまったく異なる用途で使うものである。レコーディングの場合、せっかくいい音でいいプレイをしても、部分的に歪んでしまったとなっては台無しだ。そのための防御策としてリミッターを使うことが多いと言える。

　また、その他に見かけられるものとしては、アンプ・シミュレーターがある。これは、レコーディングのライン録りという状況の中でも、実際にアンプを鳴らしているような音色に近づけてくれるものだ。真空管のナチュラルな音色から、ややブーストのかかったもの、クセのあるものなど、さまざまなサウンド・キャラクターを選択できるものもある。マイク録りのように、アンプを持ち込んで大がかりなセッティングをしなくても、ライン録りでその効果が期待できるということから人気は高まっている。

ベーシストのための宅録（ホーム・レコーディング）術

　レコーディングには、スタジオ・レコーディングの他に、自宅でできるレコーディング方法もある。これがいわゆる"宅録"（自宅録音の略）で、"ホーム・レコーディング"とも呼ばれるものだ。ベース録音はライン録りがメインだからいいとして、楽器の生音を録るにはスペースや防音の問題から限りが出てくるが、シーケンスなどの打ち込みや、ループなどのサンプリング素材を利用すれば、かなり本格的な楽曲制作も可能となってくる。もちろんある程度の専用機材は必要なものの、スタジオ・レコーディングに比べればはるかに手軽だ。最近では、コンピューターを使ったレコーディングが主流になってきており、その波がホーム・レコーディングの場にも及んできている。コンピューターがあれば、録った音をCDに焼くこともできるし、ジャケットの制作も可能なので、その気になれば自宅でCDを作ることもできる。またコンピューターの代わりにマルチ・トラック・レコーダー（MTR）を使ってホーム・レコーディングを行なうことも可能だ。MTRの中でも、現在メインとなってきているのがハード・ディスクを記録媒体とするハード・ディスク・レコーダー（HDR）。これにはCDを焼く機能がついている機種もあり、"宅録"はより身近なレコーディング方法となっ

てきている。ちなみに、コンピューターを使って制作する音楽(あるいはその作業や環境)のことを"DTM(デスク・トップ・ミュージック)"という。

■スタジオ・レコーディング vs 宅録

話を進める前に、先述のスタジオ・レコーディングと宅録を比較して、表にまとめてみた。それぞれのメリット、デメリットを把握しておこう。

ここに書かれていること以外にも、細かな点でさまざまな違いはあるだろう。自分が求めるものがどのようなものか、どの程度のクオリティが必要なのか、予算は、時間は……など、条件によっても選択は変わってくる。しかし、もしも宅録が行なえる環境にあるのならば、やってみても損はないのではないだろうか。後々にスタジオでレコーディングをする日が来る場合を考えても、宅録で得た知識や経験はきっと役に立つはずだから。

スタジオ・レコーディングと宅録の違い

	スタジオ	宅録
料金	・通常時間単位(レコーディング・パックなどのシステムがある所も)	・自宅なので¥0！
時間	・同上(時間単位で料金が発生するので効率良くしなければならない) ・予約した時間までに終えなければならない	・自宅なので好きな時に始めて好きな時に終われる
生音	・防音は完璧なので気がねなく思う存分音が出せる	・隣、近所に配慮が必要なので、大きな音は出せない
編集・録り直し	・エンジニアが必要 ・時間の制約もある	・納得のいくまで何度でも録り直すことができ、編集にも時間をかけられる
TD・マスタリング	・エンジニアが行なう	・ある程度の経験と知識が必要なので難しい面も
エフェクト処理 etc	・ハイ・クオリティの機材があり、知識のあるエンジニアがやってくれる	・同上
総合的な音質	・Good！	・多少の問題が残る可能性あり
制作費	・高い！	・安い！

■宅録に必要なもの

では、宅録を始めるに当たってどのような機材が必要なのだろうか。まず、ベースのライン録りには、DIやベース・アンプ・シミュレーター／エフェクターを用意するのは基本。ここではそれ以外の機材について、コンピューターを持っていない場合と、コンピューターを利用する場合の2つのケースについて考えてみよう（マイクやケーブルといった細かい機材は省略してある）。

●コンピューターを使わない場合

コンピューターを使わないレコーディングには、HDRなどのマルチ・トラック・レコーダー、シーケンサー、あるいはワークステーション・シンセなどが必要になってくる。

マルチ・トラック・レコーダー

まずは最終的に音を録るためのものとして、MTR（マルチ・トラック・レコーダー）が必要である。MTRとは、複数のトラックに別々に音を録音、再生ができるレコーダーのこと。ドラムやベース、ギター、キーボード、歌などを別々に入れていき、後で重ね合わせるという多重録音ができるわけだ。最近では、デジタル録音が可

▲ハード・ディスク・レコーダー（ZOOM R16）

能で、かつミキサーや、リバーブ、コンプ、コーラスなどといったエフェクターを内蔵するHDRも多いので、そういった機種を使えば、一台で録った音にエフェクト処理を施してミックスすることも可能である。

シーケンサーおよびMIDI音源

"シーケンサー"とは、さまざまな音（楽器）を一定の時間軸に沿って同期させるもので、これによって複数の楽器の音を規則正しく同時に鳴らすことができ

る。ほとんどのものが"MIDI（Musical Instrument Digital Interface）"という規格に対応しており、いわゆる"MIDI音源"をつなぐことでさまざまな楽器の音を出すことができる。例えば、MIDI音源のドラムを使ってシーケンサーに打ち込むことで、実際のドラムを叩いて録音せずとも、ドラムの音を楽曲に加えるこ

▲音源内蔵シーケンサー
（AKAI Professional MPC X）

とができるのだ。また、最近のHDRの中には、ミキサー機能の他にリズム・マシンやサンプラー機能、さらにはMIDI音源を内蔵し、それらを内蔵のシーケンサーでHDRに録ったボーカルなどの生録パートと完全同期できる機種も登場してきている。

ワークステーション・シンセ

MIDI音源とシーケンサーに加え、キーボード、エフェクター機能などを備えたオール・イン・ワン・タイプのシンセサイザーが、いわゆる"ワークステーション・シンセ"と呼ばれるもの。

▲ワークステーション・シンセ
（KORG KRONOS）

特に生音を録音する必要がないという人は、これ一台があればある程度のことができるというわけだ。

●コンピューターを利用する場合

コンピューターを使った宅録に欠かせないのが、DAW（Digital Audio Workstation）ソフト。楽曲の方向性によっては、外部音源なども必要になってくるだろう。

コンピューター本体

まずはコンピューター本体が必要なのは言うまでもない。大別してWin

199

(Windows)派とMac(Macintosh)派に分けられるが、新たに購入するとなると選択に悩むところだ。かねてより"映像と音楽制作はMac"と言われてきたこともあったが、現在はどちらも十分に高性能になってきているので、一概にどちらが便利、有利とは言い切れない。その他の用途や好みを考慮して決めよう。

DAWソフト

　コンピューターにインストールして使う"DAWソフト"。たくさんのトラックの録音／再生が可能なうえ、トラックを自由自在に並べたり置き換えたりするという編集作業が簡単に行なえる。また、MIDIシーケンサー機能を使えば、外部のMIDI音源だけでなく、内部のソフト・シンセ（コンピューター内で使用できるバーチャルなMIDI音源）やサンプラーを鳴らすことも可能。さらに、エフェクトをかけたり音量バランスを取るというミックス作業まで行なえるのだ。いわば、スタジオでのレコーディングをコンピューターの中に再現したようなソフトなのである。DAWソフトには、アマチュア入門用からプロが実際にレコーディングでも使用しているハイ・スペックなものまでさまざまある。自分がどの程度のクオリティの録音をしたいのか、どんなソフト・シンセやエフェクトが内蔵されているかなどを考慮して選んでみてほしい。また、DAWソフトに音を取り込んだり、録音した音を高音質で聴くためには、コンピューターに"オーディオ・インターフェース"という機材をつなぐ必要がある。最近ではさまざまなタイプのものが登場してきているが、USBやFireWireタイプならケーブル1本で接続できる。

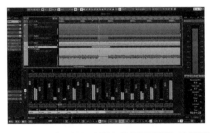

▲DAWソフトのSTEINBERG CUBASE PRO 10の画面

▲オーディオ・インターフェース
STEINBERG UR22mkII

■宅録の主な流れ

では実際に宅録を行なう時、どのような作業をしていくのだろうか。いろいろなやり方が考えられるが、ごく一般的、基本的な例をもとに順を追ってみよう。

1　作・編曲

当然。

2　譜面作成

途中の作業で必ず必要になる。コード譜のような簡単なものでもよいので、必ず用意しよう。大切なのは、スタートから終わりまでの進行が正しく書かれていること。これを元に"何小節目の何拍目からコピーして……"などといった編集作業が行なわれる。

3　リズム録り

自分がやりやすい順序で構わないのだが、ここではドラムを入れる例を挙げておく。細かいフィルインなどは後回しでいいので、その曲の尺（長さ）に合ったものをとりあえず作って入れてしまうと他の作業がやりやすくなる。

4　仮メロディ入れ

楽曲で一番大事なものなので、たとえ仮のものであってもこれを早い段階で入れておけば、他の楽器を入れる際に聴きながらプレイできるというわけだ。仮メロの場合は、かぶせとエディットの間にちゃんとした録音を行ない差し替えればよい。また、TD（トラック・ダウン）の前に差し替える場合もある。

5　その他の楽器入れ

ベース、ギター、キーボードなどを録る。好きな順序で構わないが、ベースを早いうちに入れておくとコード感が安定してその後の作業がやりやすくなるだろう。

6　直し

ここまでの段階で、ミスなどがあるかチェックし、あれば直しておく。パンチ・イン、パンチ・アウト(最初に録ったトラックのテイクを直接編集する。直したい部分の音だけを録り直し、差し替える)や、コピー／ペースト(最初に録ったトラックのテイクは残しておいて、別のトラックに新たに録り直し、必要な部分だけを差し替える)といったやり方が一般的だ。

7　ラフ・ミックス

基本的な4リズムは録り終えたので、ここで簡単にバランスを整えておくと、この先のデリケートな作業がやりやすい。

8　かぶせ

ギターやキーボードのソロ、ストリングスやホーン・セクションなどを録っていく。

9　エディット(編集)

細かいリズムの修正や、音色、音量、パン(左右の音像の位置決め)、エフェクターの処理など、さまざまな加工、編集を行なう。

10　TD(トラック・ダウン)

上記エディット同様、細かく編集しながら、すべてのバランスを整え、最終的には2ミックス(LとRの2チャンネル)にする(音の完成)。

11　落とし

DATやMD、CDなど、希望のメディアにLとRの2チャンネル(＝ステレオ)で録音する(これを"落とす"という)。作業終了。

　上記のような流れがごく一般的、基本的なものだと言えよう。ちなみに、実際の製品となるCD制作の場合は、【11】の作業の前に"マスタリング"という作

業が加わることになる。例えばCDに何曲も入っている場合、1曲1曲について上記の作業が行なわれているわけだが、それぞれの楽曲のレベル差がある場合もあり、なおかつ、全体を通したEQ処理が必要な場合もある。マスタリングとは、それらを考慮した処置を施した上で、最終的にCDをカッティングするためのマスターCDを作る作業のことだ。

■ベース録音で気をつけること

ここまでで、宅録を行なうためにはどのような機材を使い、どのような流れで進んでいくかがわかったと思う。では、肝心のベースを弾く場合、どのようなことに気をつけたらいいのだろうか。宅録ならではの注意点などをいくつか挙げていこう。

●入力の音質、ゲインにこだわる

あとからいろいろエディットできるとは言っても、コンピューターとて万能ではない。エディットできるのは、あくまでも録音された音に対しての話。したがって、入力段階で痩せた音であれば、その痩せた音を元に加工を試みることになってしまうので、元の音質に気を配るのは当然のこと。ライン録りならエフェクターやDIにこだわり、できるだけ高音質で(自分にとって)いい音で録ろう。さらに、入力の段階で歪んでしまうと、あとからはどうしようもない(特にデジタル録音の場合は、レベル・オーバーすると即ノイズになるので注意)。アタックのツブのそろった演奏を心がけるのは当然だが、コンプやリミッターなどの力を借りて、一定のレベル以上にならないように調整するのも手だ。逆にレベルが低すぎても、無理に持ち上げようとするとノイズが増えてしまう。"レベル・オーバーしない範囲でできるだけ大きく録る"のが鉄則と言えるだろう。

●音質や音量を一定に保つ

トーンのセッティングや、ボリュームなど、あるいはエフェクターを使用している場合はそれらのセッティングも書き留めておくなどして、常に一定の音が出せるようにしておこう。例えば録音を中断した際など、再開後に"それま

でのベースの音と違う！"なんてことになったら大変だからだ。

● シンプル・イズ・ベスト
　いろいろなエフェクトを重ねてかけていくにしたがって、どんどんと音が痩せていってしまう……という経験をしたことがある人は多いに違いない。あまりにもいじりすぎた音というのは、痩せていくものなのだ。こういったことは経験で学んでいくことだが、特にベースのサウンドの場合、できるだけエフェクトに頼らないシンプルな音作りを心がけることで、最終的に得られる満足度が高まると言えるだろう。

● 客観的な耳を持つ
　特にトラック・ダウンの時などは"ベーシスト"というだけではなく、客観的に総合的に全体像を聴くことが必要だ。自分のパートだからといってベースだけを大きくしたり、逆にフレーズを知っている分だけ小さくしてしまう（頭の中でわかっているため聴こえていると錯覚をしてしまう）ことのないように、その楽曲のコンセプトや、アレンジなどを理解した上で、客観的に聴いてバランスを取るようにしよう。ちなみに、何日も音入れの作業が続いたような場合は、トラック・ダウンの前に1日耳を休ませてあげると聴こえ方も変わってくることがあり、新鮮な気持ちになれることもあるので試してみよう。

● 失敗や批判を恐れない
　これまで述べてきたことと一見矛盾するように感じるかもしれないが、"きれいに作り上げよう"とするあまりに、平均的で刺激の少ないつまらないものに仕上がってしまう恐れもある。羽目をはずすくらいの勢いで思いっきり楽しみながら作ってほしい。

良いベーシストとは何か？

　本書の「はじめに」でも述べているように、本来音楽というのは"何でもあり"だ。弾いている人の思いを聴いている人が受け入れて「いい！」と思えば成り立ってしまう。しかし、より多くの人に受け入れてもらい感動してもらいたい。そのためにミュージシャンは日夜努力しているのだが、では、さまざまなパートの中で、特にベースという観点からどのようなベーシストを目指すべきなのだろうか。

　これまで何度となく述べてきたことだが、バンドの中でベースは司令塔のような立場にいる。野球でいうキャッチャーのようなものだ。このことはベースをやればやるほどわかってくると思う。

　そこで、ベーシストとしては、他のパートのみんなを安心して導くことができるかどうか、が重要になってくる。楽曲の進行上、ベースが迷うことなく、堂々とリードすることができれば、他の楽器はとても安心して自分のプレイに集中し、より良い演奏をすることができるだろう。これがなんといっても良いベーシストの必須条件だ。

　次に、常に全体を見渡す視野（耳）を持てるかどうかも大切だ。すべての楽器の土台を作るからには、それぞれが今どういう状態にいて何をやろうとしているかを把握する必要がある。そのためには、常に他の楽器のプレイをよく聴いていなければならない。自分のプレイだけで精一杯なんてもってのほかだ。もっともこれはベースならずともどの楽器にも言えることなのだが、良いベーシストであるためには特に重要、ということだ。

　これら2点がきっちりできればかなり良いベーシストと言えるのだが、これらに加えてさらに技術的なポイント、すなわちタイム感の良さであったり、全体に埋もれずになおかつ出過ぎない太い音色だったり、さりげない自己アピールの仕方だったりが備われば、きっと君はファースト・コールのベーシストになれるに違いない。Knock on wood!!

あとがき

　いかがでしたか。"なるほど"と思えることがいくつかあったのではないでしょうか。あるいは"もう少し詳しく知りたかった……"と感じた人も、もしかしたらいるかもしれません。当たり前のことですが、限られた紙面の中で伝えられることは限られたものとなってしまいます。しかし、本書のタイトルにあるように、エレクトリック・ベースのために必要な多くの知識を、バランスよく、わかりやすくこの1冊に凝縮したつもりです。また、ベースを弾き始めて何年か経った後に読んでも得るものがあるかもしれません。つまり、初心者（入門者）に限らず、さまざまな上達過程のベーシストに読んでもらえるような本にしたつもりです。しかし、どんなにいろいろな知識を解説しても、どうにもならない大切なことがあります。それはプレイヤーの"ベースを楽しむ"気持ちです。"音楽が好きで、ベースを弾くことが大好き"、そういう人はどんどんうまくなっていきます。何年か弾いていくと感じられると思うのですが、ベースという楽器は実に奥が深く、一見地味そうに見える場合もありますが、実はバンドをリードしている楽器でもあります。この辺りのことがわかってくると、さらにベースを弾くのが楽しくなってくると思います。本書とともに、これからもますますベースを楽しんで下さいね。

山口タケシ

著者プロフィール
山口タケシ（やまぐち たけし）

東京都出身。10歳の頃にギターを始め、14歳になってベースに転向。大学在学中にCBS/SONY(当時)よりバンドでデビューし、ライヴ活動と同時にスタジオ・ワークやツアー・サポートなども始める。卒業後、自己のバンド活動だけでなく、数々のアーティストのツアー、レコーディングへの参加や、ライヴ、セッション活動を行う。また長年にわたって『ベース・マガジン』への執筆を続け、教則本、CD BOOK、教則ビデオなども多く手がけている。著書は『これで完璧！エレクトリック・ベースの基礎』、『究極のベース練習帳 大型増強版』、『ズンズン上達！ 究極のベース練習帳実践編』、『作れる！弾ける！ お宝フレーズ72』、『最強のグルーヴ・ベース練習帳』、『究極のベース練習DVD』(弊社刊)など多数。愛器はSound Trade-Custom 5 Strings Bass、Fender Jazz Bass '65。

新・ベーシストのための全知識 新装版

著者　山口タケシ

2019年5月25日　第1版1刷 発行
2023年4月28日　第1版3刷 発行
定価2,090円（本体1,900円＋税10%）
ISBN978-4-8456-3382-1

発行人　松本大輔
編集人　野口広之

発行所　株式会社リットーミュージック
　　　　〒101-0051　東京都千代田区神田神保町一丁目105番地
　　　　https://www.rittor-music.co.jp/

【本書の内容に関するお問い合わせ先】
info@rittor-music.co.jp
本書の内容に関するご質問は、Eメールのみでお受けしております。お送りいただくメールの件名に「新・ベーシストのための全知識 新装版」と記載してお送りください。ご質問の内容によりましては、しばらく時間をいただくことがございます。なお、電話やFAX、郵便でのご質問、本書記載内容の範囲を超えるご質問につきましてはお答えできませんので、あらかじめご了承ください。

【乱丁・落丁などのお問い合わせ】
service@rittor-music.co.jp

編集　　　　　　　肥塚晃代／永島聡一郎
カバーデザイン　　waonica
本文デザイン／DTP　岩永美紀
撮影　　　　　　　鈴木千佳／星野俊／佐藤哲郎（＊印）
浄書　　　　　　　アルスノヴァ
印刷／製本　　　　中央精版印刷株式会社

©2019 Takeshi Yamaguchi
©2019 Rittor Music, Inc.

落丁・乱丁本はお取り替えいたします。
本書記事の無断転載・複製は固くお断りします。

＊本書は2011年に小社より刊行された「新・ベーシストのための全知識」の装丁を新たにした新装版です。